# 한국전력공사

## NCS 직무능력검사

## 모의고사(전기 분야)

| 제 1 회 | 영 역 | 의사소통능력, 수리능력, 문제해결능력, 자원관리능력, 기술능력 |
| --- | --- | --- |
| | 문항수 | 55문항 |
| | 시 간 | 65분 |
| | 비 고 | 객관식 5지선다형 |

(주)서원각

문항수 : 55문항    풀이시간 : 65분

**1.** 다음 밑줄 친 문구를 어법에 맞게 수정한 내용으로 적절하지 않은 것은?

> A : 지속가능보고서를 2007년 창간 이래 <u>매년 발간에 의해</u> 이해 관계자와의 소통이 좋아졌다.
>
> B : 2012년부터 시행되는 신재생에너지 공급의무제는 회사의 <u>주요 리스크로</u> 이를 기회로 승화시키기 위한 노력을 하고 있다.
>
> C : 전력은 필수적인 에너지원이므로 과도한 사용을 <u>삼가야 한다.</u>
>
> D : <u>녹색 기술 연구 개발 투자 확대 및 녹색 생활 실천 프로그램을 시행하여</u> 온실가스 감축에 전 직원의 역량을 결집하고 있다.
>
> E : 녹색경영위원회를 설치하여 전문가들과 함께하는 토론을 주기적으로 하고 있으며, 내·외부 <u>전문가의 의견 자문을 구하고 있다.</u>

① A : '매년 발간에 의해'가 어색하므로 문맥에 맞게 '매년 발간함으로써'로 고친다.

② B : '주요 리스크로'는 조사의 쓰임이 어울리지 않으므로, '주요 리스크이지만'으로 고친다.

③ C : '삼가야 한다'는 어법상 맞지 않으므로 '삼가해야 한다'로 고친다.

④ D : '및'의 앞은 명사구로 되어 있고 뒤는 절로 되어 있어 구조가 대등하지 않으므로, 앞 부분을 '녹색 기술 연구 개발에 대한 투자를 확대하고'로 고친다.

⑤ E : '전문가의 의견 자문을 구하고 있다'는 어법에 맞지 않으므로, '전문가들에게 의견을 자문하고 있다'로 고친다.

**2.** 다음의 괄호 안에 들어갈 적절한 어휘는?

> 원래 (          )란 엄청나게 큰 사람이나 큰 물건을 가리키는 뜻에서 비롯되었는데 그것이 부정어와 함께 굳어지면서 '어이없다'는 뜻으로 쓰이게 되었다. 크다는 뜻 자체는 약화되고 그것이 크든 작든 우리가 가지고 있는 상상이나 상식을 벗어난 경우를 지칭하게 된 것이다.
>
> 특히 풀리지 않는 글을 붙잡고 있거나 어떤 생각거리에 매달려 있는 동안 내가 생활에서 저지르는 사소한 실수들은 나 스스로도 (          )가 없을 지경이다.

① 어처구니          ② 동그마니

③ 우두커니          ④ 철딱서니

⑤ 꼬락서니

**3.** 유기농 식품 매장에서 근무하는 K씨에게 계란 알레르기가 있는 고객이 제품에 대해 문의를 해왔다. K씨가 제품에 부착된 다음 설명서를 참조하여 고객에게 반드시 안내해야 할 말로 가장 적절한 것은?

> - 제품명 : 든든한 현미국수
> - 식품의 유형 : 면 – 국수류, 스프 – 복합조미식품
> - 내용량 : 95g(면 85g, 스프 10g)
> - 원재료 및 함량
>   - 면 : 무농약 현미 98%(국내산), 정제염
>   - 스프 : 멸치 20%(국내산), 다시마 10%(국내산), 고춧가루, 정제소금, 마늘분말, 생강분말, 표고분말, 간장분말, 된장분말, 양파분말, 새우분말, 건미역, 건당근, 건파, 김, 대두유
> - 보관장소 : 직사광선을 피하고 서늘한 곳에 보관
> - 이 제품은 계란, 메밀, 땅콩, 밀가루, 돼지고기를 이용한 제품과 같은 제조시설에서 제조하였습니다.
> - 본 제품은 공정거래위원회 고시 소비분쟁해결 기준에 의거 교환 또는 보상받을 수 있습니다.
> - 부정불량식품신고는 국번 없이 1399

① 조리하실 때 계란만 넣지 않으시면 문제가 없을 것입니다.

② 제품을 조리하실 때 집에서 따로 육수를 우려서 사용하시는 것이 좋겠습니다.

③ 이 제품은 무농약 현미로 만들어져 있기 때문에 알레르기 체질 개선에 효과가 있습니다.

④ 이 제품은 계란이 들어가는 식품을 제조하는 시설에서 생산되었다는 점을 참고하시기 바랍니다.

⑤ 알레르기 반응이 나타나실 경우 구매하신 곳에서 교환 또는 환불 받으실 수 있습니다.

**4.** 다음은 한전의 특정 직군에 대한 직원 채용 공고문의 일부 내용이다. 다음 내용을 읽고 문의사항에 대하여 담당 직원과 질의응답을 한 내용 중 공고문의 내용과 일치한다고 볼 수 없는 것은 어느 것인가?

〈전형일정〉

| 구분 | 일정 | 장소 | 비고 |
|---|---|---|---|
| 서류전형 | 8/14(화) | – | – |
| 필기전형 | 8/25(토) | 서울 | 세부사항 별도 공지 |
| 면접전형 | 9/5(수) | 한전 인재개발원 | 노원구 공릉동 |
| 합격자 발표 | 9/12(수) | – | 채용 홈페이지 |
| 입사예정일 | 10/1(월) | – | 별도 안내 |

〈본인 확인을 위한 추가사항 입력 안내〉
□ 목적 : 필기시험 및 종합면접 시 본인 확인용
□ 대상 : 1차 전형(서류전형) 합격자
□ 입력사항 : 주민등록상 생년월일, 본인 증명사진
□ 입력방법 : 채용홈페이지 1차 전형(서류전형) 합격자 발표 화면에서 입력
□ 입력기간 : 서류전형 합격 발표시점~8.21(화)까지

〈블라인드 채용 안내〉
□ 입사지원서에 사진등록란, 학교명, 학점, 생년월일 등 기재란 없음
□ e-메일 기재 시 학교명, 특정 단체명이 드러나는 메일 주소 기재 금지
□ 지원서 및 자기소개서 작성 시 개인 인적사항(출신학교, 가족관계 등) 관련 내용 일체 기재 금지
□ 입사지원서에 기재한 성명, 연락처 및 서류전형 합격자 발표 화면에서 등록한 생년월일 등은 면접전형 시 블라인드 처리됨

〈기타사항〉
□ 채용 관련 세부일정 및 장소는 당사 채용홈페이지를 통해 공지함
□ 지원인원 미달 또는 전형 결과 적격자가 없는 경우 선발하지 않을 수 있음
□ 지원서 및 관련 서류를 허위로 작성·제출하는 경우, 시험 부정행위자 등은 불합격 처리하고, 향후 5년간 우리 회사 입사 지원이 제한됨
□ 지원서 작성 시 기재 착오 등으로 인한 불합격이나 손해에 대한 모든 책임은 지원자 본인에게 있으므로 유의하여 작성
□ 각 전형 시 신분증(주민등록증, 여권, 운전면허증 중 1개)과 수험표를 반드시 지참하여야 하며, 신분증 미지참 시 응시 불가
※ 신분증을 분실한 경우 거주지 관할 주민센터에서 발급받은 '주민등록증 발급신청 확인서' 지참
□ 자의 또는 타의에 의한 부정청탁으로 인해 합격된 사실이 확인될 경우 당해 합격을 취소할 수 있으며, 향후 5년간 공공기관 채용시험 응시자격을 제한할 수 있음

Q. 합격자 발표는 입사지원서에 적은 전화번호로 문자나 전화 등으로 알려 주시게 되나요?

A. ① 아닙니다. 합격자 발표는 본인이 직접 확인하셔야 하며, 저희 회사 홈페이지에서 채용 관련 안내에 따라 확인하실 수 있습니다.

Q. 이번 채용 방식은 블라인드 채용으로 알고 있는데 생년월일 등을 추가로 입력해야 하는 이유는 뭐죠?

A. ② 블라인드 채용 시 입사지원서에 개인 인적사항을 적을 수 없습니다만, 전형 과정에서 본인 확인용으로 필요한 경우 생년월일을 기재하도록 요청할 수 있습니다.

Q. e-mail 주소를 적는 칸이 있던데요, e-mail 주소 정도에는 저희 학교 이름이 들어가도 별 상관없겠지요?

A. ③ 아닙니다. 그런 경우, 다른 개인 e-mail 주소를 적으셔야 하며, 학교 이름을 인식할 수 있는 어떤 사항도 기재하셔서는 안 됩니다.

Q. 전형 과정의 필요상 일부 인적 사항을 적게 되면, 그건 면접관 분들에게 공개될 수밖에 없겠네요?

A. ④ 본인 확인용으로 면접 시 필요하여 요청 드린 사항이므로 사진과 생년월일 등 본인 확인에 필요한 최소 사항만 공개됩니다.

Q. 지원자가 채용 인원에 미달되는 경우에는 특별한 결격 사유가 없는 한 채용 가능성이 아주 많다고 봐도 되는 거지요?

A. ⑤ 아닙니다. 그럴 경우, 당사 임의의 결정으로 채용 인원을 선발하지 않을 수도 있습니다.

**┃5~6┃** 다음은 S그룹의 2018년 주요 사업계획이다. 이어지는 물음에 답하시오.

(단위 : 개/백만 원)

| 핵심가치 | 전략과제 | 개수 | 예산 |
|---|---|---|---|
| 총계 | | 327 | 1,009,870 |
| 안전우선<br>시민안전을 최고의 가치로<br>(108개/513,976백만 원) | 스마트 안전관리 체계구축 | 27 | 10,155 |
| | 비상대응 역량강화 | 21 | 39,133 |
| | 시설 안전성 강화 | 60 | 464,688 |
| 고객감동<br>고객만족을 최우선으로<br>(63개/236,529백만 원) | 고객 소통채널 다각화 | 10 | 8,329 |
| | 고객서비스 제도개선 | 16 | 2,583 |
| | 이용환경 개선 | 37 | 225,617 |
| 변화혁신<br>경영혁신을 전사적으로<br>(113개/210,418백만 원) | 혁신적 재무구조 개선 | 34 | 22,618 |
| | 디지털 기술혁신 | 23 | 22,952 |
| | 융합형 조직혁신 | 56 | 164,848 |
| 상생협치<br>지역사회를 한가족으로<br>(43개/48,947백만 원) | 내부소통 활성화 | 25 | 43,979 |
| | 사회적 책임이행 | 18 | 4,968 |

**5.** 위 자료를 읽고 빈칸에 들어갈 말로 적절한 것을 고르면?

'안전우선'은 가장 많은 예산이 투자되는 핵심가치이다. 전략과제는 3가지가 있고, 그 중 '( ㉠ )'은/는 가장 많은 개수를 기록하고 있으며, 예산은 464,688백만 원이다. '고객감동'의 전략과제는 3가지이며, 고객만족을 최우선으로 하고 있다. 핵심가치 '( ㉡ )'은/는 113개를 기록하고 있고, 3가지 전략과제 중 융합형 조직혁신이 가장 큰 비중을 차지하고 있다. 핵심가치 '( ㉢ )'은/는 가장 적은 비중을 차지하고 있고, 2가지 전략과제를 가지고 있다.

| | ㉠ | ㉡ | ㉢ |
|---|---|---|---|
| ① | 스마트 안전관리 체계구축 | 고객감동 | 변화혁신 |
| ② | 비상대응 역량강화 | 고객감동 | 변화혁신 |
| ③ | 비상대응 역량강화 | 변화혁신 | 고객감동 |
| ④ | 시설 안전성 강화 | 변화혁신 | 상생협치 |
| ⑤ | 시설 안전성 강화 | 안전우선 | 상생협치 |

**6.** 다음 중 옳지 않은 것은?

① '고객감동'의 예산은 가장 높은 비중을 보이고 있다.

② '안전우선'의 예산은 나머지 핵심가치를 합한 것 이상을 기록했다.

③ 예산상 가장 적은 비중을 보이는 전략과제는 '고객서비스 제도개선'이다.

④ '안전우선'과 '변화혁신'의 개수는 각각 100개를 넘어섰다.

⑤ 2018년 주요 사업계획의 총 예산은 1조 원를 넘어섰다.

**7.** 다음은 어느 시민사회단체의 발기 선언문이다. 이 단체에 대해 판단한 내용으로 적절하지 않은 것은?

우리 사회의 경제적 불의는 더 이상 방치할 수 없는 상태에 이르렀다. 도시 빈민가와 농촌에 잔존하고 있는 빈곤은 최소한의 인간적 삶조차 원천적으로 박탈하고 있으며, 경제력을 4 사치와 향락은 근면과 저축의욕을 감퇴시키고 손쉬운 투기와 불로소득은 기업들의 창의력과 투자의욕을 감소시킴으로써 경제성장의 토대가 와해되고 있다. 부익부빈익빈의 극심한 양극화는 국민 간의 균열을 심화시킴으로써 사회 안정 기반이 동요되고 있으며 공공연한 비윤리적 축적은 공동체의 기본 규범인 윤리 전반을 문란케 하여 우리와 우리 자손들의 소중한 삶의 터전인 이 땅을 약육강식의 살벌한 세상으로 만들고 있다.

부동산 투기, 정경유착, 불로소득과 탈세를 공인하는 차명계좌의 허용, 극심한 소득차, 불공정한 노사관계, 농촌과 중소기업의 피폐 및 이 모든 것들의 결과인 부와 소득의 불공정한 분배, 그리고 재벌로의 경제적 집중, 사치와 향락, 환경오염 등 이 사회에 범람하고 있는 경제적 불의를 척결하고 경제정의를 실천함은 이 시대 우리 사회의 역사적 과제이다.

이의 실천이 없이는 경제 성장도 산업 평화도 민주복지 사회의 건설도 한갓 꿈에 불과하다. 이 중에서도 부동산 문제의 해결은 가장 시급한 우리의 당면 과제이다. 인위적으로 생산될 수 없는 귀중한 국토는 모든 국민들의 복지 증진을 위하여 생산과 생활에만 사용되어야 함에도 불구하고 소수의 재산 증식 수단으로 악용되고 있다. 토지 소유의 극심한 편중과 투기화, 그로 인한 지가의 폭등은 국민생활의 근거인 주택의 원활한 공급을 극도로 곤란하게 하고 있을 뿐만 아니라 물가 폭등 및 노사 분규의 격화, 거대한 투기 소득의 발생 등을 초래함으로써 현재 이 사회가 당면하고 있는 대부분의 경제적 사회적 불안과 부정의의 가장 중요한 원인으로 작용하고 있다.

정부 정책에 대한 국민들의 자유로운 선택권이 보장되며 경제적으로 시장 경제의 효율성과 역동성을 살리면서 깨끗하고 유능한 정부의 적절한 개입으로 분배의 편중, 독과점 및 공해 등 시장 경제의 결함을 해결하는 민주복지사회를 실현하여야 한다. 그리고 이것이 자유와 평등, 정의와 평화의 공동체로서 우리가 지향할 목표이다.

① 이 단체는 극빈층을 포함한 사회적 취약계층의 객관적인 생활수준은 향상되었지만 불공정한 분배, 비윤리적 부의 축적 그리고 사치와 향락 분위기 만연으로 상대적 빈곤은 심각해지고 있다고 인식한다.

② 이 단체는 정책 결정 과정이 소수의 특정 집단에 좌우되고 있다고 보고 있으므로, 정책 결정 과정에 국민 다수의 참여 보장을 주장할 가능성이 크다.

③ 이 단체는 윤리 정립과 불의 척결 등의 요소도 경제 성장에 기여할 수 있다고 본다.

④ 이 단체는 '기업의 비사업용 토지소유 제한을 완화하는 정책'에 비판적일 것이다.

⑤ 이 단체는 경제 성장의 조건으로 저축과 기업의 투자 등을 꼽고 있다.

**8.** 다음은 근로장려금 신청자격 요건에 대한 정부제출안과 국회통과안의 내용이다. 이에 근거하여 옳은 내용은?

| 요건 | 정부제출안 | 국회통과안 |
|---|---|---|
| 총소득 | 부부의 연간 총소득이 1,700만 원 미만일 것(총소득은 근로소득과 사업소득 등 다른 소득을 합산한 소득) | 좌동 |
| 부양 자녀 | 다음 항목을 모두 갖춘 자녀를 2인 이상 부양할 것<br>(1) 거주자의 자녀이거나 동거하는 입양자일 것<br>(2) 18세 미만일 것(단, 중증장애인은 연령제한을 받지 않음)<br>(3) 연간 소득금액의 합계액이 100만 원 이하일 것 | 다음 항목을 모두 갖춘 자녀를 1인 이상 부양할 것<br>(1)~(3) 좌동 |
| 주택 | 세대원 전원이 무주택자일 것 | 세대원 전원이 무주택자이거나 기준시가 5천만 원 이하의 주택을 한 채 소유할 것 |
| 재산 | 세대원 전원이 소유하고 있는 재산 합계액이 1억 원 미만일 것 | 좌동 |
| 신청 제외자 | (1) 3개월 이상 국민기초생활보장급여 수급자<br>(2) 외국인(단, 내국인과 혼인한 외국인은 신청 가능) | 좌동 |

① 정부제출안보다 국회통과안에 의할 때 근로장려금 신청자격을 갖춘 대상자의 수가 더 줄어들 것이다.

② 두 안의 총소득요건과 부양자녀요건을 충족하고, 소유 재산이 주택(5천만 원), 토지(3천만 원), 자동차(2천만 원)인 A는 정부제출안에 따르면 근로장려금을 신청할 수 없지만 국회통과안에 따르면 신청할 수 있다.

③ 소득이 없는 20세 중증장애인 자녀 한 명만을 부양하는 B가 국회통과안에서의 다른 요건들을 모두 충족하고 있다면 B는 국회통과안에 의해 근로장려금을 신청할 수 있다.

④ 총소득, 부양자녀, 주택, 재산 요건을 모두 갖춘 한국인과 혼인한 외국인은 정부제출안에 따르면 근로장려금을 신청할 수 없지만 국회통과안에 따르면 신청할 수 있다.

⑤ 총소득, 부양자녀, 주택, 재산 요건을 모두 갖추었다면, 국민기초생활보장급여 수급 여부와 관계없이 근로장려금을 신청할 수 있다.

**9.** 다음은 ○○공사의 고객서비스헌장의 내용이다. 밑줄 친 단어를 한자로 바꾸어 쓴 것으로 옳지 않은 것은?

---
〈고객서비스헌장〉

1. 우리는 모든 업무를 고객의 입장에서 생각하고, 신속·정확하게 처리하겠습니다.
2. 우리는 친절한 자세와 상냥한 언어로 고객을 맞이하겠습니다.
3. 우리는 고객에게 잘못된 서비스로 불편을 초래한 경우, 신속히 시정하고 적정한 보상을 하겠습니다.
4. 우리는 다양한 고객서비스를 발굴하고 개선하여 고객만족도 향상에 최선을 다하겠습니다.
5. 우리는 모든 시민이 고객임을 명심하여 최고의 서비스를 제공하는 데 정성을 다하겠습니다.

이와 같이 선언한 목표를 달성하기 위하여 구체적인 서비스 이행기준을 설정하여 임·직원 모두가 성실히 실천할 것을 약속드립니다.

---

① 헌장 - 憲章
② 자세 - 姿勢
③ 초래 - 招來
④ 발굴 - 拔掘
⑤ 달성 - 達成

**10.** 다음은 「개인정보 보호법」과 관련한 사법 행위의 내용을 설명하는 글이다. 다음 글을 참고할 때, '공표' 조치에 대한 올바른 설명이 아닌 것은?

「개인정보 보호법」 위반과 관련한 행정처분의 종류에는 처분 강도에 따라 과태료, 과징금, 시정조치, 개선권고, 징계권고, 공표 등이 있다. 이 중, 공표는 행정질서 위반이 심하여 공공에 경종을 울릴 필요가 있는 경우 명단을 공표하여 사회적 낙인을 찍히게 함으로써 경각심을 주는 제재 수단이다.

「개인정보 보호법」 위반행위가 은폐·조작, 과태료 1천만 원 이상, 유출 등 다음 7가지 공표기준에 해당하는 경우, 위반행위자, 위반행위 내용, 행정처분 내용 및 결과를 포함하여 개인정보 보호위원회의 심의·의결을 거쳐 공표한다.

※ 공표기준
1. 1회 과태료 부과 총 금액이 1천만 원 이상이거나 과징금 부과를 받은 경우
2. 유출·침해사고의 피해자 수가 10만 명 이상인 경우
3. 다른 위반행위를 은폐·조작하기 위하여 위반한 경우
4. 유출·침해로 재산상 손실 등 2차 피해가 발생하였거나 불법적인 매매 또는 건강 정보 등 민감 정보의 침해로 사회적 비난이 높은 경우
5. 위반행위 시점을 기준으로 위반 상태가 6개월 이상 지속된 경우
6. 행정처분 시점을 기준으로 최근 3년 내 과징금, 과태료 부과 또는 시정조치 명령을 2회 이상 받은 경우
7. 위반행위 관련 검사 및 자료제출 요구 등을 거부·방해하거나 시정조치 명령을 이행하지 않음으로써 이에 대하여 과태료 부과를 받은 경우

공표절차는 과태료 및 과징금을 최종 처분할 때 ① 대상자에게 공표 사실을 사전 통보, ② 소명자료 또는 의견 수렴 후 개인정보보호위원회 송부, ③ 개인정보보호위원회 심의·결, ④ 홈페이지 공표 순으로 진행된다.
공표는 행정안전부장관의 처분 권한이지만 개인정보보호위원회의 심의·의결을 거치게 함으로써 「개인정보 보호법」 위반자에 대한 행정청의 제재가 자의적이지 않고 공정하게 행사되도록 조절해 주는 장치를 마련하였다.

① 공표는 「개인정보 보호법」 위반에 대한 가장 무거운 행정 조치이다.
② 행정안전부장관이 공표를 결정한다고 해서 반드시 최종 공표 조치가 취해져야 하는 것은 아니다.
③ 공표 조치가 내려진 대상자는 공표와 더불어 반드시 1천만 원 이상의 과태료를 납부하여야 한다.
④ 공표 조치를 받는 대상자는 사전에 이를 통보받게 된다.
⑤ 반복적이거나 지속적인 위반 행위에 대한 제재는 공표 조치의 취지에 포함된다.

**11.** 다음은 수입예산에 관한 자료이다. 잡이익이 이자수익의 2배일 때, ㉠은 ㉡의 몇 배에 해당하는가? (단, 소수 첫 번째 자리에서 반올림한다.)

〈수입예산〉
(단위 : 백만 원)

| 구분 | | 예산 |
|---|---|---|
| 총 합계 | | ( ㉠ ) |
| 영업 수익 | 합계 | 2,005,492 |
| | 운수수익 | 1,695,468 |
| | 광고료 등 부대사업수익 | 196,825 |
| | 기타사용료 등 기타영업수익 | 88,606 |
| | 대행사업수익 | 24,593 |
| 영업 외 수익 | 합계 | |
| | 이자수익 | ( ㉡ ) |
| | 임대관리수익 | 2,269 |
| | 불용품매각수익 | 2,017 |
| | 잡이익 | 7,206 |

① 555배  ② 557배
③ 559배  ④ 561배
⑤ 563배

**12.** 어떤 이동 통신 회사에서는 휴대폰의 사용 시간에 따라 매월 다음과 같은 요금 체계를 적용한다고 한다.

| 요금제 | 기본 요금 | 무료 통화 | 사용 시간(1분)당 요금 |
|---|---|---|---|
| $A$ | 10,000원 | 0분 | 150원 |
| $B$ | 20,200원 | 60분 | 120원 |
| $C$ | 28,900원 | 120분 | 90원 |

예를 들어, $B$요금제를 사용하여 한 달 동안의 통화 시간이 80분인 경우 사용 요금은 다음과 같이 계산한다.

$$20,200 + 120 \times (80 - 60) = 22,600 원$$

$B$요금제를 사용하는 사람이 $A$요금제와 $C$요금제를 사용할 때 보다 저렴한 요금을 내기 위한 한 달 동안의 통화 시간은 $a$분 초과 $b$분 미만이다. 이때, $b - a$의 값은? (단, 매월 총 사용 시간은 분 단위로 계산한다.)

① 70
② 80
③ 90
④ 100
⑤ 110

**13.** 다음 〈표〉는 주식매매 수수료율과 증권거래세율에 대한 자료이다. 주식매매 수수료는 주식 매도 시 매도자에게, 매수 시 매수자에게 부과되며 증권거래세는 주식 매도 시에만 매도자에게 부과된다고 할 때, 이에 대한 〈보기〉의 설명 중 옳은 것을 모두 고르면?

〈표 1〉 주식매매 수수료율과 증권거래세율

(단위 : %)

| 연도<br>구분 | 2001 | 2003 | 2005 | 2008 | 2011 |
|---|---|---|---|---|---|
| 주식매매<br>수수료율 | 0.1949 | 0.1805 | 0.1655 | 0.1206 | 0.0993 |
| 유관기관<br>수수료율 | 0.0109 | 0.0109 | 0.0093 | 0.0075 | 0.0054 |
| 증권사<br>수수료율 | 0.1840 | 0.1696 | 0.1562 | 0.1131 | 0.0939 |
| 증권거래세율 | 0.3 | 0.3 | 0.3 | 0.3 | 0.3 |

〈표 2〉 유관기관별 주식매매 수수료율

(단위 : %)

| 연도<br>유관기관 | 2001 | 2003 | 2005 | 2008 | 2011 |
|---|---|---|---|---|---|
| 한국거래소 | 0.0065 | 0.0065 | 0.0058 | 0.0045 | 0.0032 |
| 예탁결제원 | 0.0032 | 0.0032 | 0.0024 | 0.0022 | 0.0014 |
| 금융투자협회 | 0.0012 | 0.0012 | 0.0011 | 0.0008 | 0.0008 |
| 합계 | 0.0109 | 0.0109 | 0.0093 | 0.0075 | 0.0054 |

※ 주식거래 비용 = 주식매매 수수료 + 증권거래세
※ 주식매매 수수료 = 주식매매 대금 × 주식매매 수수료율
※ 증권거래세 = 주식매매 대금 × 증권거래세율

---

ⓐ 2001년에 '갑'이 주식을 매수한 뒤 같은 해에 동일한 가격으로 전량 매도했을 경우, 매수 시 주식거래 비용과 매도 시 주식거래 비용의 합에서 증권사 수수료가 차지하는 비중은 50%를 넘지 않는다.

ⓑ 2005년에 '갑'이 1,000만원 어치의 주식을 매수할 때 '갑'에게 부과되는 주식매매 수수료는 16,550원이다.

ⓒ 모든 유관기관은 2011년 수수료율을 2008년보다 10% 이상 인하하였다.

ⓓ 2011년에 '갑'이 주식을 매도할 때 '갑'에게 부과되는 주식거래 비용에서 유관기관 수수료가 차지하는 비중은 2% 이하이다.

① ㉠, ㉡
② ㉠, ㉢
③ ㉡, ㉢
④ ㉡, ㉣
⑤ ㉢, ㉣

---

**14.** 다음은 Y년의 산업부문별 전기다소비사업장의 전기 사용현황을 나타낸 자료이다. 다음 자료를 참고할 때, Y-1년의 화공산업 부문 전기다소비사업장의 전기사용량은 얼마인가? (전기사용량은 절삭하여 원 단위로 표시함)

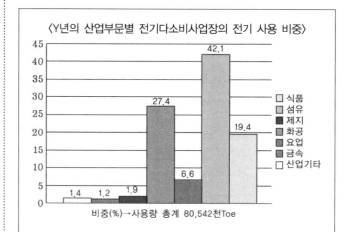

〈Y년의 산업부문별 전기다소비사업장의 전기 사용 비중〉

비중(%)→사용량 총계 80,542천Toe

〈Y년의 산업부문별 전기다소비사업장의 전기 사용 증가율〉

| 구분 | 식품 | 섬유 | 제지 | 화공 | 요업 | 금속 | 산업<br>기타 |
|---|---|---|---|---|---|---|---|
| 전년대비<br>증가율(%) | 1.8 | -3.9 | -12.6 | 4.5 | 1.6 | -1.2 | 3.9 |

① 20,054천Toe
② 20,644천Toe
③ 20,938천Toe
④ 21,117천Toe
⑤ 22,045천Toe

---

**15.** 그림과 같이 6등분 되어 있는 원판이 있다. 회전하고 있는 원판에 화살을 세 번 쏘았을 때, 적어도 화살 하나는 6의 약수에 맞을 확률은? (단, 화살은 반드시 원판에 맞으며, 경계선에 맞는 경우는 없다.)

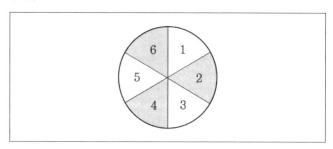

① $\dfrac{1}{27}$
② $\dfrac{2}{9}$
③ $\dfrac{5}{9}$
④ $\dfrac{23}{27}$
⑤ $\dfrac{26}{27}$

다음은 수도권 지하철역에서 제공하고 있는 유아수유실 현황에 관한 자료이다. 물음에 답하시오.

### 〈유아수유실 현황〉

#### ○ 1호선

| 역명 | 역명 |
|---|---|
| 종로3가(1)역 | 동대문역 |

#### ○ 2호선

| 역명 | 역명 |
|---|---|
| 시청역 | 성수역 |
| 강변역 | 잠실역 |
| 삼성역 | 강남역 |
| 신림역 | 대림역 |
| 신촌역 | 영등포구청역 |
| 신설동역 | |

#### ○ 3호선

| 역명 | 역명 |
|---|---|
| 구파발역 | 독립문역 |
| 옥수역 | 고속터미널역 |
| 양재역 | 도곡역 |

#### ○ 4호선

| 역명 | 역명 |
|---|---|
| 노원역 | 미아사거리역 |
| 길음역 | 동대문역사문화공원역 |
| 서울역 | 이촌역 |
| 사당역 | |

#### ○ 5호선

| 역명 | 역명 |
|---|---|
| 김포공항역 | 우장산역 |
| 까치산역 | 목동역 |
| 영등포구청역 | 신길역 |
| 여의도역 | 여의나루역 |
| 충정로역 | 광화문역 |
| 동대문역사문화공원역 | 청구역 |
| 왕십리역 | 답십리역 |
| 군자역 | 아차산역 |
| 천호역 | 강동역 |
| 고덕역 | 올림픽공원역 |
| 거여역 | |

#### ○ 6호선

| 역명 | 역명 |
|---|---|
| 응암역 | 불광역 |
| 월드컵경기장역 | 합정역 |
| 대흥역 | 공덕역 |
| 삼각지역 | 이태원역 |
| 약수역 | 상월곡역 |
| 동묘앞역 | 안암역 |

#### ○ 7호선

| 역명 | 역명 |
|---|---|
| 수락산역 | 노원역 |
| 하계역 | 태릉입구역 |
| 상봉역 | 부평구청역 |
| 어린이대공원역 | 뚝섬유원지역 |
| 논현역 | 고속터미널역 |
| 이수역 | 대림역 |
| 가산디지털단지역 | 광명사거리역 |
| 온수역 | 까치울역 |
| 부천종합운동장역 | 춘의역 |
| 신중동역 | 부천시청역 |
| 상동역 | 삼산체육관역 |
| 굴포천역 | |

#### ○ 8호선

| 역명 | 역명 |
|---|---|
| 모란역 | 몽촌토성역 |
| 잠실역 | 가락시장역 |
| 장지역 | 남한산성입구역 |

※ 해당 역에 하나의 유아수유실을 운영 중이다.

**16.** 다음 중 2호선 유아수유실이 전체에서 차지하는 비율은?

① 10.5%
② 11.5%
③ 12.5%
④ 13.5%
⑤ 14.5%

**17.** 다음 중 가장 많은 유아수유실을 운영 중인 지하철 호선 ㉮와 가장 적은 유아수유실을 운영 중인 지하철 호선 ㉯로 적절한 것은?

|   | ㉮ | ㉯ |   | ㉮ | ㉯ |
|---|---|---|---|---|---|
| ① | 7호선 | 1호선 | ② | 7호선 | 4호선 |
| ③ | 5호선 | 3호선 | ④ | 6호선 | 2호선 |
| ⑤ | 3호선 | 5호선 | | | |

**18.** 다음은 ○○은행 기업고객인 7개 기업의 1997년도와 2008년도의 주요 재무지표를 나타낸 자료이다. 〈보기〉의 설명 중 옳은 것을 모두 고르면?

〈7개 기업의 1997년도와 2008년도의 주요 재무지표〉

(단위 : %)

| 재무지표 / 연도 기업 | 부채비율 1997 | 부채비율 2008 | 자기자본비율 1997 | 자기자본비율 2008 | 영업이익률 1997 | 영업이익률 2008 | 순이익률 1997 | 순이익률 2008 |
|---|---|---|---|---|---|---|---|---|
| A | 295.6 | 26.4 | 25.3 | 79.1 | 15.5 | 11.5 | 0.7 | 12.3 |
| B | 141.3 | 25.9 | 41.4 | 79.4 | 18.5 | 23.4 | 7.5 | 18.5 |
| C | 217.5 | 102.9 | 31.5 | 49.3 | 5.7 | 11.7 | 1.0 | 5.2 |
| D | 490.0 | 64.6 | 17.0 | 60.8 | 7.0 | 6.9 | 4.0 | 5.4 |
| E | 256.7 | 148.4 | 28.0 | 40.3 | 2.9 | 9.2 | 0.6 | 6.2 |
| F | 496.6 | 207.4 | 16.8 | 32.5 | 19.4 | 4.3 | 0.2 | 2.3 |
| G | 654.8 | 186.2 | 13.2 | 34.9 | 8.3 | 8.7 | 0.3 | 6.7 |
| 7개 기업의 산술평균 | 364.6 | 108.8 | 24.7 | 53.8 | 11.0 | 10.8 | 2.0 | 8.1 |

1) 총자산 = 부채 + 자기자본

2) 부채구성비율(%) $= \dfrac{부채}{총자산} \times 100$

3) 부채비율(%) $= \dfrac{부채}{자기자본} \times 100$

4) 자기자본비율(%) $= \dfrac{자기자본}{총자산} \times 100$

5) 영업이익률(%) $= \dfrac{영업이익}{매출액} \times 100$

6) 순이익률(%) $= \dfrac{순이익}{매출액} \times 100$

---

〈보기〉

㉠ 1997년도 부채구성비율이 당해년도 7개 기업의 산술평균보다 높은 기업은 3개이다.

㉡ 1997년도 대비 2008년도 부채비율의 감소율이 가장 높은 기업은 A이다.

㉢ 기업의 매출액이 클수록 자기자본비율이 동일한 비율로 커지는 관계에 있다고 가정하면, 2008년도 순이익이 가장 많은 기업은 A이다.

㉣ 2008년도 순이익률이 가장 높은 기업은 1997년도 영업이익률도 가장 높았다.

---

① ㉠, ㉡　　　　　　　② ㉡, ㉢

③ ㉢, ㉣　　　　　　　④ ㉠, ㉡, ㉢

⑤ ㉠, ㉡, ㉢, ㉣

**19.** 다음은 푸르미네의 에너지 사용량과 연료별 탄소배출량 및 수종(樹種)별 탄소흡수량을 나타낸 것이다. 푸르미네 가족의 월간 탄소배출량과 나무의 월간 탄소흡수량을 같게 하기 위한 나무의 올바른 조합을 고르면?

■ 푸르미네의 에너지 사용량

| 연료 | 사용량 |
|---|---|
| 전기 | 420kWh/월 |
| 상수도 | 40㎥/월 |
| 주방용 도시가스 | 60㎥/월 |
| 자동차 가솔린 | 160ℓ/월 |

■ 연료별 탄소배출량

| 연료 | 탄소배출량 |
|---|---|
| 전기 | 0.1kg/kWh |
| 상수도 | 0.2kg/m³ |
| 주방용 도시가스 | 0.3kg/m³ |
| 자동차 가솔린 | 0.5kg/ℓ |

■ 수종별 탄소흡수량

| 수종 | 탄소흡수량 |
|---|---|
| 소나무 | 14kg/그루·월 |
| 벗나무 | 6kg/그루·월 |

① 소나무 4그루와 벗나무 12그루

② 소나무 6그루와 벗나무 9그루

③ 소나무 7그루와 벗나무 10그루

④ 소나무 8그루와 벗나무 6그루

⑤ 소나무 9그루와 벗나무 4그루

**20.** 다음은 우리나라 1차 에너지 소비량 자료이다. 자료 분석 결과로 옳은 것은?

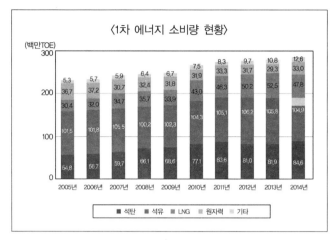

〈1차 에너지 소비량 현황〉

① 석유 소비량이 나머지 에너지 소비량의 합보다 많다.
② 석탄 소비량이 완만한 하락세를 보이고 있다.
③ 기타 에너지 소비량이 지속적으로 감소하는 추세이다.
④ 원자력 소비량은 증감을 거듭하고 있다.
⑤ 최근 LNG 소비량의 증가 추세는 그 정도가 심화되었다.

▌21~22▐ 다음 〈표〉와 〈선정절차〉는 정부가 추진하는 신규 사업에 지원한 A~E 기업의 현황과 사업 선정절차에 대한 자료이다. 물음에 답하시오.

〈표〉 A~E 기업 현황

| 기업 | 직원수 (명) | 임원수 (명) 이사 | 임원수 (명) 감사 | 임원평균 근속기간 (년) | 시설현황 사무실 수 (개) | 시설현황 사무실 총면적 (㎡) | 시설현황 휴게실 면적 (㎡) | 시설현황 기업 총면적 (㎡) | 통근 차량 대수 (대) |
|---|---|---|---|---|---|---|---|---|---|
| A | 132 | 10 | 3 | 2.1 | 5 | 450 | 2,400 | 3,800 | 3 |
| B | 160 | 5 | 1 | 4.5 | 7 | 420 | 200 | 1,300 | 2 |
| C | 120 | 4 | 3 | 3.1 | 6 | 420 | 440 | 1,000 | 1 |
| D | 170 | 2 | 12 | 4.0 | 7 | 550 | 300 | 1,500 | 2 |
| E | 135 | 4 | 6 | 2.9 | 6 | 550 | 1,000 | 2,500 | 2 |

※ 여유면적 = 기업 총면적 − 사무실 총면적 − 휴게실 면적

〈선정절차〉
• 1단계 : 아래 4개 조건을 모두 충족하는 기업을 예비 선정한다.
– 사무실조건 : 사무실 1개당 직원수가 25명 이하여야 한다.
– 임원조건 : 임원 1인당 직원수가 15명 이하여야 한다.
– 차량조건 : 통근 차량 1대당 직원수가 100명 이하여야 한다.
– 여유면적조건 : 여유면적이 650㎡ 이상이어야 한다.
• 2단계 : 예비 선정된 기업 중 임원평균근속기간이 가장 긴 기업을 최종 선정한다.

**21.** 1단계 조건을 충족하여 예비 선정되는 기업을 모두 고르면?

① A, B      ② B, C
③ C, D      ④ D, E
⑤ E, A

**22.** 정부가 추진하는 신규 사업에 최종 선정되는 기업은?

① A      ② B
③ C      ④ D
⑤ E

**23.** 한전은 사내 식사 제공을 위한 외식 업체를 선정하기 위해 다음과 같이 5개 업체에 대한 평가를 실시하였다. 다음 평가 방식과 평가 결과에 의해 외식 업체로 선정될 업체는 어느 곳인가?

〈최종결과표〉

(단위 : 점)

| 구분 | A업체 | B업체 | C업체 | D업체 | E업체 |
|---|---|---|---|---|---|
| 제안가격 | 84 | 82 | 93 | 90 | 93 |
| 위생도 | 92 | 90 | 91 | 83 | 92 |
| 업계평판 | 92 | 89 | 91 | 95 | 90 |
| 투입인원 | 90 | 92 | 94 | 91 | 93 |

〈선정 방식〉
• 각 평가항목별 다음과 같은 가중치를 부여하여 최종 점수 고득점 업체를 선정한다.
– 투입인원 점수 15%
– 업계평판 점수 15%
– 위생도 점수 30%
– 제안가격 점수 40%
• 어느 항목이라도 5개 업체 중 최하위 득점이 있을 경우(최하위 점수가 90점 이상일 경우 제외), 최종 업체로 선정될 수 없음.
• 동점 시, 가중치가 높은 항목 순으로 고득점 업체가 선정

① A업체      ② B업체
③ C업체      ④ D업체
⑤ E업체

**24.** 전력 설비 수리를 하기 위해 본사에서 파견된 8명의 기술자들이 출장지에서 하룻밤을 묵게 되었다. 1개 층에 4개의 객실(101~104호, 201~204호, 301~304호, 401~404호)이 있는 3층으로 된 조그만 여인숙에 1인당 객실 1개씩을 잡고 투숙하였고 다음과 같은 조건을 만족할 경우, 12개의 객실 중 8명이 묵고 있지 않은 객실 4개를 모두 알기 위하여 필요한 사실이 될 수 있는 것은 다음 보기 중 어느 것인가? (출장자 일행 외의 다른 투숙객은 없는 것으로 가정한다)

- 출장자들은 1, 2, 3층에 각각 객실 2개, 3개, 3개에 투숙하였다.
- 출장자들은 1, 2, 3, 4호 라인에 각각 2개, 2개, 1개, 3개 객실에 투숙하였다.

① 302호에 출장자가 투숙하고 있다.

② 203호에 출장자가 투숙하고 있지 않다.

③ 102호에 출장자가 투숙하고 있다.

④ 202호에 출장자가 투숙하고 있지 않다.

⑤ 103호에 출장자가 투숙하고 있다.

**25.** 다음 제시된 조건을 보고, 만일 영호와 옥숙을 같은 날 보낼 수 없다면, 목요일에 보내야 하는 남녀사원은 누구인가?

영업부의 박 부장은 월요일부터 목요일까지 매일 남녀 각 한 명씩 두 사람을 회사 홍보 행사 담당자로 보내야 한다. 영업부에는 현재 남자 사원 4명(길호, 철호, 영호, 치호)과 여자 사원 4명(영숙, 옥숙, 지숙, 미숙)이 근무하고 있으며, 다음과 같은 제약 사항이 있다.

㉠ 매일 다른 사람을 보내야 한다.
㉡ 치호는 철호 이전에 보내야 한다.
㉢ 옥숙은 수요일에 보낼 수 없다.
㉣ 철호와 영숙은 같이 보낼 수 없다.
㉤ 영숙은 지숙과 미숙 이후에 보내야 한다.
㉥ 치호는 영호보다 앞서 보내야 한다.
㉦ 옥숙은 지숙 이후에 보내야 한다.
㉧ 길호는 철호를 보낸 바로 다음 날 보내야 한다.

① 길호와 영숙
② 영호와 영숙
③ 치호와 옥숙
④ 길호와 옥숙
⑤ 영호와 미숙

**26.** 사고조사반원인 K는 2018년 12월 25일 발생한 총 6건의 사고에 대하여 보고서를 작성하고 있다. 사고 발생 순서에 대한 타임라인이 다음과 같을 때, 세 번째로 발생한 사고는? (단, 동시에 발생한 사고는 없다)

㉠ 사고 C는 네 번째로 발생하였다.
㉡ 사고 A는 사고 E보다 먼저 발생하였다.
㉢ 사고 B는 사고 A보다 먼저 발생하였다.
㉣ 사고 E는 가장 나중에 발생하지 않았다.
㉤ 사고 F는 사고 B보다 나중에 발생하지 않았다.
㉥ 사고 C는 사고 E보다 나중에 발생하지 않았다.
㉦ 사고 C는 사고 D보다 먼저 발생하였으나, 사고 B보다는 나중에 발생하였다.

① A
② B
③ D
④ E
⑤ F

**27.** 다음 글에 나타난 문제해결의 장애요소는?

최근 A사의 차량이 화재가 나는 사고가 연달아 일어나고 있다. 현재 리콜 대상 차량은 10만여 대로 사측은 전국의 서비스 업체에서 안전진단을 통해 불편을 해소하는 데에 최선을 다하겠다고 말했다. A사 대표는 해당 서비스를 24시간 확대 운영은 물론 예정되어 있던 안전진단도 단기간에 완료하겠다고 입장을 밝혔다. 덕분에 서비스센터 현장은 여름휴가 기간과 겹쳐 일반 서비스 차량과 리콜 진단 차량까지 전쟁터를 방불케 했다. 그러나 안전진단은 결코 답이 될 수 없다는 게 전문가들의 의견이다. 문제가 되는 해당 부품이 개선된 제품으로 교체되어야만 해결할 수 있는 사태이고, 개선된 제품은 기본 20여 일이 걸려 한국에 들어올 수 있기 때문에 이 사태가 잠잠해지기까지는 상당한 시간이 걸린다는 것이다. 또한 단순 안전진단만으로는 리콜이 시작되기 전까지 오히려 고객들의 불안한 마음만 키울 수 있어 이를 해결할 확실한 대안이 필요하다고 지적했다.

① 실질적 대안이 아닌 고객 달래기식 대응을 하고 있다.

② 해결책을 선택하는 타당한 이유를 마련하지 못하고 있다.

③ 선택한 해결책을 실행하기 위한 계획을 수립하지 못하고 있다.

④ 중요한 의사결정 인물이나 문제에 영향을 받게 되는 구성원을 참여시키지 않고 있다.

⑤ 개인이나 팀이 통제할 수 있거나 영향력을 행사할 수 있는 범위를 넘어서는 문제를 다루고 있다.

**28.** 다음은 SWOT에 대한 설명이다. 다음 중 시장의 위협을 회피하기 위해 강점을 사용하는 전략의 예로 적절한 것은?

〈SWOT 분석〉

SWOT분석이란 기업의 환경 분석을 통해 마케팅 전략을 수립하는 기법이다. 조직 내부 환경으로는 조직이 우위를 점할 수 있는 강점(Strength), 조직의 효과적인 성과를 방해하는 자원·기술·능력면에서의 약점(Weakness), 조직 외부 환경으로는 조직 활동에 이점을 주는 기회(Opportunity), 조직 활동에 불이익을 미치는 위협(Threat)으로 구분된다.

| | | 내부환경요인 | |
|---|---|---|---|
| | | 강점 (Strength) | 약점 (Weakness) |
| 외부 환경 요인 | 기회 (Opportunity) | SO | WO |
| | 위협 (Threat) | ST | WT |

① 세계적인 유통라인을 내세워 개발도상국으로 사업을 확장한다.
② 저가 정책으로 마진이 적지만 인구 밀도에 비해 대형마트가 부족한 도시에 진출한다.
③ 부품의 10년 보증 정책을 통해 대기업의 시장 독점을 이겨낸다.
④ 고가의 연구비를 타사와 제휴를 통해 부족한 정부 지원을 극복한다.
⑤ 친환경적 장점을 내세워 관련 법령에 해당하는 정부 지원을 받는다.

**|29~30|** 다음은 김치냉장고 매뉴얼 일부이다. 물음에 답하시오.

〈김치에 대한 잦은 질문〉

| 구분 | 확인 사항 |
|---|---|
| 김치가 얼었어요. | • 김치 종류, 염도에 따라 저장하는 온도가 다르므로 김치의 종류를 확인하여 주세요.<br>• 저염김치나 물김치류는 얼기 쉬우므로 '김치저장-약냉'으로 보관하세요. |
| 김치가 너무 빨리 시어요. | • 저장 온도가 너무 높지 않은지 확인하세요. 저염김치의 경우는 낮은 온도에서는 얼 수 있으므로 빨리 시어지더라도 '김치저장-약냉'으로 보관하세요.<br>• 김치를 담글 때 양념을 너무 많이 넣으면 빨리 시어질 수 있습니다. |
| 김치가 변색되었어요. | • 김치를 담글 때 물빼기가 덜 되었거나 숙성되며 양념이 어우러지지 않아 발생할 수 있습니다.<br>• 탈색된 김치는 효모 등에 의한 것이므로 걷어내고, 김치 국물에 잠기도록 하여 저장하세요. |
| 김치 표면에 하얀 것이 생겼어요. | • 김치 표면이 공기와 접촉하면서 생길 수 있으므로 보관 시 공기가 닿지 않도록 우거지를 덮고 소금을 뿌리거나 위생비닐로 덮어주세요.<br>• 김치를 젖은 손으로 꺼내지는 않으시나요? 외부 수분이 닿을 경우에도 효모가 생길 수 있으니 마른 손 혹은 위생장갑을 사용해 주시고, 남은 김치는 꾹꾹 눌러 국물에 잠기도록 해주세요.<br>• 효모가 생긴 상태에서 그대로 방치하면 더 번질 수 있으며, 김치를 무르게 할 수 있으므로 생긴 부분은 바로 제거해 주세요.<br>• 김치냉장고에서도 시간이 경과하면 발생할 수 있습니다. |
| 김치가 물러졌어요. | • 물빼기가 덜 된 배추를 사용할 경우 혹은 덜 절여진 상태에서 공기에 노출되거나 너무 오래절일 경우 발생할 수 있습니다. 저염 김치의 경우에서 빈번하게 발생하므로 적당히 간을 하는 것이 좋습니다. 또한 설탕을 많이 사용할 경우에도 물러질 수 있습니다.<br>• 무김치의 경우는 무를 너무 오래 절이면 무에서 많은 양의 수분이 빠져나오게 되어 물러질 수 있습니다. 절임 시간은 1시간을 넘지 않도록 하세요.<br>• 김치 국물에 잠긴 상태에서 저장하는 것이 중요합니다. 특히 저염 김치의 경우는 주의해주세요. |

| | • 초기에 마늘, 젓갈 등의 양념에 의해 발생할 수 있으나 숙성되면서 점차 사라질 수 있습니다. 마늘, 양파, 파를 많이 넣으면 노린내나 군덕내가 날 수 있으니 적당히 넣어주세요. |
|---|---|
| 김치에서 이상한 냄새가 나요. | • 발효가 시작되지 않은 상태에서 김치냉장고에 바로 저장할 경우 발생할 수 있습니다. |
| | • 김치가 공기와 많이 접촉했거나 시어지면서 생기는 효모가 원인이 될 수 있습니다. |
| | • 김치를 담근 후 공기와의 접촉을 막고, 김치를 약간 맛들인 상태에서 저장하면 예방할 수 있습니다. |
| 김치에서 쓴맛이 나요. | • 김치가 숙성되기 전에 나타날 수 있는 현상으로, 숙성되면 줄거나 사라질 수 있습니다. |
| | • 품질이 좋지 않은 소금이나 마그네슘 함량이 높은 소금으로 배추를 절였을 경우에도 쓴맛이 날 수 있습니다. |
| | • 열무김치의 경우, 절인 후 씻으면 쓴맛이 날 수 있으므로 주의하세요. |
| 배추에 양념이 잘 배지 않아요. | • 김치를 담근 직후 바로 낮은 온도에 보관하면 양념이 잘 배지 못하므로 적당한 숙성을 거쳐 보관해 주세요. |

**29.** 다음 상황에 적절한 확인 사항으로 보기 어려운 것은?

> 나영씨는 주말에 김치냉장고에서 김치를 꺼내고는 이상한 냄새에 얼굴을 찌푸렸다. 담근지 세 달 정도 지났는데도 잘 익은 김치냄새가 아닌 꿉꿉한 냄새가 나서 어떻게 처리해야 할지 고민이다.

① 초기에 마늘, 양파, 파를 많이 넣었는지 확인한다.
② 발효가 시작되지 않은 상태에서 김치냉장고에 바로 넣었는지 확인한다.
③ 김치가 공기와 많이 접촉했는지 확인한다.
④ 김치를 젖은 손으로 꺼냈는지 확인한다.
⑤ 시어지면서 생기는 효모가 원인인지 확인한다.

**30.** 위 매뉴얼을 참고하여 확인할 수 없는 사례는?

① 쓴 맛이 나는 김치
② 양념이 잘 배지 않는 배추
③ 김치의 나트륨 문제
④ 물러진 김치
⑤ 겉면에 하얀 것이 생긴 김치

**┃31~32┃** 甲과 乙은 산양우유를 생산하여 판매하는 ○○ 목장에서 일한다. 다음을 바탕으로 물음에 답하시오.

> • ○○목장은 A~D의 4개 구역으로 이루어져 있으며 산양들은 자유롭게 다른 구역을 넘나들 수 있지만 목장을 벗어나지 않는다.
> • 甲과 乙은 산양을 잘 관리하기 위해 구역별 산양의 수를 파악하고 있어야 하는데, 산양들이 계속 구역을 넘나들기 때문에 산양의 수를 정확히 헤아리는 데 어려움을 겪고 있다.
> • 고민 끝에 甲과 乙은 시간별로 산양의 수를 기록하되, 甲은 특정 시간 특정 구역의 산양의 수만을 기록하고, 乙은 산양이 구역을 넘나들 때마다 그 시간과 그때 이동한 산양의 수를 기록하기로 하였다.
> • 甲과 乙이 같은 날 오전 9시부터 오전 10시 15분까지 작성한 기록표는 다음과 같으며, ㉠~㉣을 제외한 모든 기록은 정확하다.

| 甲의 기록표 | | | 乙의 기록표 | | |
|---|---|---|---|---|---|
| 시간 | 구역 | 산양 수 | 시간 | 구역이동 | 산양 수 |
| 09:10 | A | 17마리 | 09:08 | B→A | 3마리 |
| 09:22 | D | 21마리 | 09:15 | B→D | 2마리 |
| 09:30 | B | 8마리 | 09:18 | C→A | 5마리 |
| 09:45 | C | 11마리 | 09:32 | D→C | 1마리 |
| 09:58 | D | ㉠21마리 | 09:48 | A→C | 4마리 |
| 10:04 | A | ㉡18마리 | 09:50 | D→B | 1마리 |
| 10:10 | B | ㉢12마리 | 09:52 | C→D | 3마리 |
| 10:15 | C | ㉣10마리 | 10:05 | C→B | 2마리 |

> • 구역 이동 외의 산양의 수 변화는 고려하지 않는다.

**31.** ㉠~㉣ 중 옳게 기록된 것만을 고른 것은?

① ㉠, ㉡   ② ㉠, ㉢
③ ㉡, ㉢   ④ ㉡, ㉣
⑤ ㉢, ㉣

**32.** ○○목장에서 키우는 산양의 총 마리 수는?

① 58마리   ② 59마리
③ 60마리   ④ 61마리
⑤ 62마리

**33.** 다음에서 설명하고 있는 개념은 무엇인가?

'Intellectual property right'이란 특허권, 실용신안권, 상표권, 디자인권을 총칭하는 개념으로 개개의 권리는 특허법, 실용신안법, 상표법, 디자인보호법, 저작권법, 부정경쟁방지 및 영업비밀보호에 관한 법률, 민법, 상법 등에 의하여 규율되고 보호된다. 우리나라 헌법은 제22조 제2항에 "저작자·발명가·과학기술자와 예술가의 권리는 법률로써 보호한다."라고 규정함으로써 보호의 근거를 마련하였고, 이에 근거하여 관련 법령이 제정되었다. 특허법·실용신안법·디자인보호법·상표법의 공통된 목적은 '산업 발전'이다. 그래서 위의 4법을 산업재산권법이라고 하는데, 이 중 상표법은 '산업 발전' 외에 '수요자의 이익보호'도 목적으로 하고 있다. '산업재산권'은 'industrial property right'를 번역한 것인데, 제조업이 산업의 대부분을 차지하고 있던 과거에는 '공업소유권'이라고 하다가 현재에는 그 범위를 넓혀 '산업재산권'이라는 용어를 사용하게 되었다.

① 지식문화　　　　　② 지식산업
③ 지식경영　　　　　④ 지적재산권
⑤ 지적계량법

**34.** 다음에서 설명하고 있는 자원의 성격은?

자원이란 인간 생활에 유용한 물질 중 하나로 기술적으로나 경제적으로 개발이 가능한 것을 말하며 기술적으로는 개발이 가능한 광물이지만 매장량이 적거나 광물의 품질이 낮은 경우, 또는 지나치게 채굴 비용이 많이 들어 경제성이 없는 경우에는 개발이 불가능하다. 철광석은 대체로 철의 함량이 일정량 이상 포함된 것을 개발하여 이용하고 있다. 철의 함량이 일정량 이하인 철광석은 기술적 의미로는 자원이 될 수 있으나, 현재로서는 경제성이 없어 개발할 수가 없기 때문에 경제적 의미의 자원이 될 수는 없는 것이다.

① 편재성　　　　　② 가변성
③ 유한성　　　　　④ 상대성
⑤ 공간성

**|35~36|** 다음은 자리배치에 따른 각 팀별 팀원의 업무 능력과 시너지 효과를 나타낸 것이다. 주어진 자료를 참고하여 물음에 답하여라.

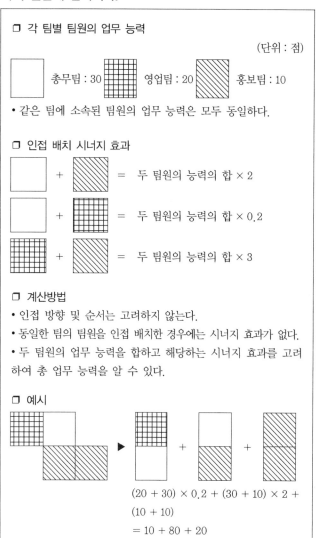

**35.** 새로 입사한 신입사원의 자리배치가 같다고 할 때, 기대되는 총 업무 능력은?

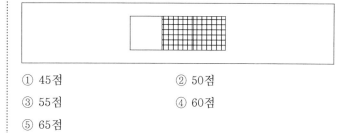

① 45점　　　　　② 50점
③ 55점　　　　　④ 60점
⑤ 65점

**36.** 총 업무 능력이 190점 이상이 되기 위해서는 ?가 표시된 자리에 어떤 팀의 팀원이 앉아야 하는가?

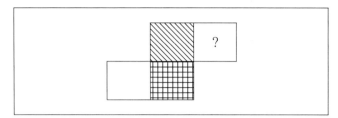

① 총무팀
② 영업팀
③ 홍보팀
④ 모두 가능
⑤ 모두 불가능

**‖37~38‖** 다음은 시간관리 매트릭스에 관한 설명이다. 물음에 답하시오.

〈시간관리 매트릭스〉

| | 긴급함 | 긴급하지 않음 |
|---|---|---|
| 중요함 | 제1사분면 | 제2사분면 |
| 중요하지 않음 | 제3사분면 | 제4사분면 |

• 제1사분면 : 중요하고 긴급한 일로 위기사항이나 급박한 문제, 기간이 정해진 프로젝트 등 이 해당
• 제2사분면 : 긴급하지는 않지만 중요한 일로 인간관계 구축이나 새로운 기회의 발굴, 중장기 계획 등이 포함
• 제3사분면 : 긴급하지만 중요하지 않은 일로 잠깐의 급한 질문, 일부 보고서, 눈 앞의 급박한 사항이 해당
• 제4사분면 : 중요하지 않고 긴급하지 않은 일로 하찮은 일이나 시간낭비거리, 즐거운 활동 등이 포함

**37.** 다음 중 긴급하지 않고 중요하지 않은 일에 해당하는 것은?

① 우편물 확인
② 인간관계 구축
③ 중장기 계획
④ 눈앞의 급박한 상황
⑤ 기간이 정해진 프로젝트

**38.** 다음은 중완이가 해야 할 일 목록이다. 다음 중 가장 먼저 해야 할 일은?

• 갑자기 떠오른 질문
• 친구와 통화
• 피아노 레슨
• 마감이 가까운 업무
• 휴가 계획
• 모임에 참석
• 공연 관람
• 가족과 식사

① 모임에 참석하기
② 가족과 식사
③ 피아노 레슨
④ 마감이 가까운 업무
⑤ 공연 관람

**39.** 다음은 정부에서 지원하는 〈귀농인 주택시설 개선사업 개요〉와 〈심사 기초 자료〉이다. 이를 근거로 판단할 때, 지원대상 가구만을 모두 고르면?

〈귀농인 주택시설 개선사업 개요〉

□ 사업목적 : 귀농인의 안정적인 정착을 도모하기 위해 일정 기준을 충족하는 귀농가구의 주택 개·보수 비용을 지원
□ 신청자격 : △△군에 소재하는 귀농가구 중 거주기간이 신청 마감일(2014. 4. 30.) 현재 전입일부터 6개월 이상이고, 가구주의 연령이 20세 이상 60세 이하인 가구
□ 심사기준 및 점수 산정방식
　○ 신청마감일 기준으로 다음 심사기준별 점수를 합산한다.
　○ 심사기준별 점수
　　(1) 거주기간 : 10점(3년 이상), 8점(2년 이상 3년 미만), 6점(1년 이상 2년 미만), 4점(6개월 이상 1년 미만)
　　　※ 거주기간은 전입일부터 기산한다.
　　(2) 가족 수 : 10점(4명 이상), 8점(3명), 6점(2명), 4점(1명)
　　　※ 가족 수에는 가구주가 포함된 것으로 본다.
　　(3) 영농규모 : 10점(1.0 ha 이상), 8점(0.5 ha 이상 1.0 ha 미만), 6점(0.3 ha 이상 0.5 ha 미만), 4점(0.3 ha 미만)
　　(4) 주택노후도 : 10점(20년 이상), 8점(15년 이상 20년 미만), 6점(10년 이상 15년 미만), 4점(5년 이상 10년 미만)
　　(5) 사업시급성 : 10점(매우 시급), 7점(시급), 4점(보통)
□ 지원내용
　○ 예산액 : 5,000,000원
　○ 지원액 : 가구당 2,500,000원
　○ 지원대상 : 심사기준별 점수의 총점이 높은 순으로 2가구. 총점이 동점일 경우 가구주의 연령이 높은 가구를 지원. 단, 하나의 읍·면당 1가구만 지원 가능

〈심사 기초 자료(2014. 4. 30. 현재)〉

| 귀농 가구 | 가구주 연령 (세) | 주소지 (△△군) | 전입일 | 가족 수 (명) | 영농 규모 (ha) | 주택 노후도 (년) | 사업 시급성 |
|---|---|---|---|---|---|---|---|
| 甲 | 49 | A | 2010. 12. 30 | 1 | 0.2 | 17 | 매우 시급 |
| 乙 | 48 | B | 2013. 5. 30 | 3 | 1.0 | 13 | 매우 시급 |
| 丙 | 56 | B | 2012. 7. 30 | 2 | 0.6 | 23 | 매우 시급 |
| 丁 | 60 | C | 2013. 12. 30 | 4 | 0.4 | 13 | 시급 |
| 戊 | 33 | D | 2011. 9. 30 | 2 | 1.2 | 19 | 보통 |

① 甲, 乙
② 甲, 丙
③ 乙, 丙
④ 乙, 丁
⑤ 丙, 戊

**40.** 甲, 乙, 丙은 서울특별시(수도권 중 과밀억제권역에 해당) ○○동 소재 3층 주택 소유자와 각 층별로 임대차 계약을 체결하고 현재 거주하고 있는 임차인들이다. 이들의 보증금은 각각 5,800만 원, 2,000만 원, 1,000만 원이다. 위 주택 전체가 경매절차에서 주택가액 8,000만 원에 매각되었고, 甲, 乙, 丙 모두 주택에 대한 경매신청 등기 전에 주택의 인도와 주민등록을 마쳤다. 乙과 丙이 담보물권자보다 우선하여 변제받을 수 있는 금액의 합은? (단, 확정일자나 경매비용은 무시한다)

제00조
① 임차인은 보증금 중 일정액을 다른 담보물권자(擔保物權者)보다 우선하여 변제받을 권리가 있다. 이 경우 임차인은 주택에 대한 경매신청의 등기 전에 주택의 인도와 주민등록을 마쳐야 한다.
② 제1항에 따라 우선변제를 받을 보증금 중 일정액의 범위는 다음 각 호의 구분에 의한 금액 이하로 한다.
　1. 수도권정비계획법에 따른 수도권 중 과밀억제권역 : 2,000만 원
　2. 광역시(군지역과 인천광역시지역은 제외) : 1,700만 원
　3. 그 밖의 지역 : 1,400만 원
③ 임차인의 보증금 중 일정액이 주택가액의 2분의 1을 초과하는 경우에는 주택가액의 2분의 1에 해당하는 금액까지만 우선변제권이 있다.
④ 하나의 주택에 임차인이 2명 이상이고 그 각 보증금 중 일정액을 모두 합한 금액이 주택가액의 2분의 1을 초과하는 경우, 그 각 보증금 중 일정액을 모두 합한 금액에 대한 각 임차인의 보증금 중 일정액의 비율로 그 주택가액의 2분의 1에 해당하는 금액을 분할한 금액을 각 임차인의 보증금 중 일정액으로 본다.
제00조 전조(前條)에 따라 우선변제를 받을 임차인은 보증금이 다음 각 호의 구분에 의한 금액 이하인 임차인으로 한다.
　1. 수도권정비계획법에 따른 수도권 중 과밀억제권역 : 6,000만 원
　2. 광역시(군지역과 인천광역시지역은 제외) : 5,000만 원
　3. 그 밖의 지역 : 4,000만 원

① 2,200만 원
② 2,300만 원
③ 2,400만 원
④ 2,500만 원
⑤ 2,600만 원

**41.** 3상 평형 부하의 선간전압이 200[V], 선전류가 10[A]이고, 부하의 소비전력은 4[kW]일 때 이 부하의 등가 Y회로의 각 상의 저항은 얼마인가?

① 3.3[Ω]
② 6.3[Ω]
③ 13.6[Ω]
④ 16.3[Ω]
⑤ 18.3[Ω]

**42.** 길이 $l$[m], 단면적의 지름 $d$[m]인 원통이 길이 방향으로 균일하게 자화되어 자화의 세기가 $J$[Wb/m²]인 경우 원통 양단에서의 전자극의 세기는 얼마인가?

① $\dfrac{\pi d^2}{4}$　　　　② $\dfrac{\pi d^2}{2}$

③ $\dfrac{\pi d^2}{4} J$　　　　④ $\dfrac{\pi d^2}{2} J$

⑤ $\pi^2 d J$

**43.** 10[$\Omega$]의 저항에 2[A]의 전류가 흐를 때 저항의 단자 전압은 얼마인가?

① 5[V]　　　　② 10[V]

③ 15[V]　　　　④ 20[V]

⑤ 25[V]

**44.** 가공 전선로의 지지물이 아닌 것은?

① 목주　　　　② 지선

③ 철주　　　　④ 철탑

⑤ 철근 콘크리트주

**45.** 발전기의 전압 변동률을 표시하는 식으로 바른 것은? (단, $V_0$ : 무부하 전압, $V_n$ : 정격 전압)

① $\epsilon = \left[ \dfrac{V_0}{V_n} + 1 \right] \times 100 \, [\%]$

② $\epsilon = \left[ \dfrac{V_0}{V_n} - 1 \right] \times 100 \, [\%]$

③ $\epsilon = \left[ \dfrac{V_0}{V_n} \right] \times 100 \, [\%]$

④ $\epsilon = \left[ \dfrac{V_n}{V_0} \right] \times 100 \, [\%]$

⑤ $\epsilon = \left[ 1 - \dfrac{V_0}{V_n} \right] \times 100 \, [\%]$

**46.** 전류에 의해 만들어지는 자기장의 자기력선 방향을 간단하게 알아내는 법칙은?

① 렌츠의 법칙

② 패러데이의 법칙

③ 앙페르의 오른나사 법칙

④ 플레밍의 왼손 법칙

⑤ 플레밍의 오른손 법칙

**47.** 3상 동기 발전기를 병렬 운전시키는 경우 고려하지 않아도 되는 조건에 해당하는 것은?

① 주파수가 같을 것

② 회전수가 같을 것

③ 위상이 같을 것

④ 전압 파형이 같을 것

⑤ 전압 크기가 같을 것

**48.** 각 수용가의 최대 수용 전력이 각각 5[kW], 10[kW], 15[kW], 25[kW]이고, 합성 최대 수용 전력이 50[kW]일 때 수용가 상호 간의 부등률은 얼마인가?

① 1.0　　　　② 1.1

③ 2.1　　　　④ 3.1

⑤ 4.1

**49.** 전기분해에 의하여 전극에 석출되는 물질의 양은 전해액을 통과하는 총전기량에 비례하고 또 그 물질의 화학당량에 비례하는 법칙은 무엇인가?

① 암페어의 법칙

② 줄의 법칙

③ 톰슨의 법칙

④ 패러데이의 법칙

⑤ 키르히호프의 법칙

**50.** 62,000[kW]의 전력을 60[km] 떨어진 지점에서 송전하려면 전압은 얼마로 하여야 좋은가?

① 61[kV]   ② 121[kV]

③ 141[kV]   ④ 156[kV]

⑤ 260[kV]

**51.** 우리나라에서 현재 사용하고 있는 송전전압에 해당하는 것은?

① 220[kV]   ② 260[kV]

③ 345[kV]   ④ 550[kV]

⑤ 650[kV]

**52.** 단상 3선식 배전선의 소요 전선 총량을 100[%]라고 할 때, 3상 3선식과 단상 3선식(중성선의 굵기는 외선과 같다)과의 소요 전선의 총량은 각각 몇 [%]인가?

① 33.3[%], 37.5[%]

② 37.5[%], 33.3[%]

③ 75[%], 37.5[%]

④ 37.5[%], 75[%]

⑤ 33.3[%], 75[%]

**53.** 전주 사이의 경간이 80[m]인 가공전선에서 전선 1[m]의 하중이 0.37[kg], 전선의 이도가 0.8[m]라면 전선의 수평장력은 얼마인가?

① 310[kg]

② 330[kg]

③ 350[kg]

④ 370[kg]

⑤ 390[kg]

**54.** 현수애자 4개를 1연으로 한 66[kV]의 송전선로가 있다. 현수애자 1개의 절연저항은 1,500[MΩ], 이 선로의 경간이 200[m]라면 선로 1[km]당 누설컨덕턴스는 얼마인가?

① $0.83 \times 10^{-2}$[℧]

② $0.83 \times 10^{-3}$[℧]

③ $0.83 \times 10^{-6}$[℧]

④ $0.83 \times 10^{-8}$[℧]

⑤ $0.83 \times 10^{-9}$[℧]

**55.** 저압 뱅킹 배전방식에서 캐스케이딩 현상이란 무엇을 말하는 것인가?

① 전압 동요가 적은 현상

② 변압기의 부하배분이 불균일한 현상

③ 저압선이나 변압기에 고장이 생기면 자동적으로 고장이 제거되는 현상

④ 변압기에 고장이 발생하였을 경우 2차 고장이 자동적으로 제거되는 현상

⑤ 저압선의 고장에 의하여 건전한 변압기의 일부 또는 전부가 차단되는 현상

서 원 각

www.goseowon.co.kr

# 한국전력공사

## NCS 직무능력검사

## 모의고사(전기 분야)

| | 영 역 | 의사소통능력, 수리능력, 문제해결능력, 자원관리능력, 기술능력 |
|---|---|---|
| 제 2 회 | 문항수 | 55문항 |
| | 시 간 | 65분 |
| | 비 고 | 객관식 5지선다형 |

**SEOWONGAK**
(주)서원각

**1.** 다음 중 아래 글을 읽고 글로벌 기업의 성공적 대응 유형에 해당하지 않는 것을 고르면?

전 세계적으로 저성장이 장기화되고 있고, 낮은 가격을 무기로 개발도상국 업체들이 추격해 오고 있다. 이와 같이 가격 경쟁이 치열해 지는 상황에서 글로벌 기업들이 성공적으로 대응하는 유형은 크게 5가지로 구분할 수 있다.

첫 번째로 차별화 전략을 들 수 있다. 디자인, 성능, 브랜드 및 사용 경험 등을 차별화하는 방법이다.

두 번째로 저가로 맞대응하는 유형이다. 전체적인 구조조정을 통한 원가 혁신으로 상대 기업에 비해서 가격 경쟁력을 확보하는 전략이다.

세 번째로 차별화와 원가 혁신의 병행 전략을 선택하는 경우이다. IT 기술의 발달로 제품 및 서비스의 비교가 쉬워지면서 제품 차별화 혹은 원가 혁신과 같은 단일 전략보다는 차별화와 원가 혁신을 동시에 추구하는 전략이 큰 호응을 얻고 있다.

네 번째는 경쟁의 축을 바꿈으로써 시장을 선도하는 경우이다. 이는 시장에 새로운 게임의 룰을 만들어서 경쟁에서 벗어나는 방법이다.

마지막으로 제품만 팔다가 경쟁의 범위를 솔루션 영역으로 확장하면서 경쟁력을 높이는 경우이다.

① A식품은 캡슐 커피라는 신제품을 통해 새로운 커피 시장을 창출할 수 있었다.

② B항공사는 필수 서비스만 남기는 파격적 혁신으로 우수한 영업 실적을 기록했다.

③ C사는 시계를 기능성 제품보다 패션 아이템으로 인식되도록 하는 전략을 구사했다.

④ D사는 최근 IT 기기 판매 대신 기업들의 IT 서비스 및 컨설팅을 주력으로 하고 있다.

⑤ E사는 신제품 홍보에 온라인과 오프라인을 골고루 활용하여 고객의 주목을 받고 있다.

**2.** 다음 제시된 내용을 토대로 관광회사 직원들이 추론한 내용으로 가장 적합한 것은?

세계여행관광협의회(WTTC)에 따르면 지난해인 2016년 전 세계 국내총생산(GDP) 총합에서 관광산업이 차지한 직접 비중은 2.7%이다. 여기에 고용, 투자 등 간접적 요인까지 더한 전체 비중은 9.1%로, 금액으로 따지면 6조 3,461억 달러에 이른다. 직접 비중만 놓고 비교해도 관광산업의 규모는 자동차 산업의 2배이고 교육이나 통신 산업과 비슷한 수준이다. 아시아를 제외한 전 대륙에서는 화학 제조업보다도 관광산업의 규모가 큰 것으로 나타났다.

서비스 산업의 특성상 고용을 잣대로 삼으면 그 차이는 더욱 더 벌어진다. 지난해 전세계 관광산업 종사자는 9,800만 명으로 자동차 산업의 6배, 화학 제조업의 5배, 광업의 4배, 통신 산업의 2배로 나타났다. 간접 고용까지 따지면 2억 5,500만 명이 관광과 관련된 일을 하고 있어, 전 세계적으로 근로자 12명 가운데 1명이 관광과 연계된 직업을 갖고 있는 셈이다. 이러한 수치는 향후 2~3년간은 계속 유지될 것으로 보인다. 실제 백만 달러를 투입할 경우, 관광산업에서는 50명분의 일자리가 추가로 창출되어 교육 부문에 이어 두 번째로 높은 고용 창출효과가 있는 것으로 조사되었다.

유엔세계관광기구(UNWTO)의 장기 전망에 따르면 관광산업의 성장은 특히 한국이 포함된 동북아시아에서 두드러질 것으로 예상된다. UNWTO는 2010년부터 2030년 사이 이 지역으로 여행하는 관광객이 연평균 9.7% 성장하여 2030년 5억 6,500명이 동북아시아를 찾을 것으로 전망했다. 전 세계 시장에서 차지하는 비율도 현 22%에서 2030년에는 30%로 증가할 것으로 예측했다.

그런데 지난해 한국의 관광산업 비중(간접 분야 포함 전체 비중)은 5.2%로 세계 평균보다 훨씬 낮다. 관련 고용자수(간접 고용 포함)도 50만 3,000여 명으로 전체의 2%에 불과하다. 뒤집어 생각하면 그만큼 성장의 여력이 크다고 할 수 있다.

① 상민 : 2016년 전 세계 국내총생산(GDP) 총합에서 관광산업이 차지한 직접 비중을 금액으로 따지면 2조 달러가 넘는다.

② 대현 : 2015년 전 세계 통신 산업의 종사자는 자동차 산업의 종사자의 약 3배 정도이다.

③ 동근 : 2017년 전 세계 근로자 수는 20억 명을 넘지 못한다.

④ 수진 : 한국의 관광산업 수준이 간접 고용을 포함하는 고용 수준에서 현재의 세계 평균 수준 비율과 비슷해지려면 3백억 달러 이상을 관광 산업에 투자해야 한다.

⑤ 영수 : 2020년에는 동북아시아를 찾는 관광객의 수가 연간 약 2억 8,000명을 넘을 것이다.

**3.** 다음은 한국전력공사가 거래처인 ○○발전과 맺은 태양열 발전 장려금 지급 약정서에 기재된 약정 세부사항이다. 빈칸 (가)~(라)에 들어갈 말을 순서대로 알맞게 나열한 것은 다음 보기 중 어느 것인가?

---

〈태양열 발전 장려금 지급 약정서〉

한국전력공사(이하 "갑"이라 한다)와 ○○발전(이하 "을"이라 한다)은 다음과 같이 「태양열 발전 장려금 지급 약정(이하 "본 약정"이라 한다)」을 체결한다.

제1조(목적)
본 약정은 태양열 발전 수요확대를 위하여 태양열 전기의 수요관리 실적에 따른 태양열 발전 장려금을 "갑"이 "을"에게 지급하는 데에 필요한 사항을 약정함을 목적으로 한다.

제2조(약정기간)
본 약정의 유효기간은 체결일로부터 1년간으로 하며, 계약만료일 1개월 전까지 양당사자의 서면합의로 약정기간을 연장할 수 있다. 다만, "갑"은 관련 법규 등의 개·폐에 따라 불가피한 사유가 발생할 경우 약정기간을 변경할 수 있다.

제3조(장려금 지급 기준)
"갑"이 "을"에게 지급하는 장려금 기준은 "갑"이 시행하는 수요관리 장려금 지급지침에 따른다.

제4조(장려금 지급절차 및 의무)
① "(가)"은 장려금 신청자가 태양열 발전 장려금을 신청한 경우에 관계 증빙서류를 확인한 후 지급하며, 장려금 신청자의 사용물량을 확인하여야 한다.
② "을"은 "갑"으로부터 태양열 발전 장려금을 수령 후 지체 없이 신청자에 지급하여야 하며 제세공과금 등에 대하여 관련 법령을 준수하여야 한다.
③ "갑"과 "을"은 상호 신의와 성실로 본 약정을 성실히 수행하고, "을"이 태양열 발전 장려금을 본 약정에 정하지 아니한 용도로 사용할 때에는 회수 조치할 수 있다.

제5조(장려금 홍보)
"갑"과 "을"은 태양열 발전 장려금 제도에 대하여 불특정 다수인을 상대로 안내 및 홍보하여야 한다.

제6조(관계자료 제출 등)
"(나)"는 "(다)"이 요청 시 지급한 장려금의 연간 사용실적을 제출하여야 하며, "(라)"이 신청자 등에 대하여 현장 확인 및 관련 서류의 열람 요청 시 성실히 응하여야 한다.

제7조(행정사항 등)
본 약정의 해석상 이의가 있을 경우에는 "갑"과 "을"이 협의하여 결정하되, 합의가 이루어지지 아니한 경우에는 "갑"의 의견에 따른다.

---

① 을 – 을 – 갑 – 갑
② 갑 – 갑 – 을 – 을
③ 을 – 갑 – 갑 – 을
④ 갑 – 을 – 갑 – 을
⑤ 을 – 갑 – 을 – 갑

**4.** 한국전력공사 상임감사위원인 甲은 내부고발을 통해 다섯 건의 부정행위를 알게 되었다. 회사내규가 다음과 같을 때 A~E의 행위가 '뇌물에 관한 죄'에 해당하지 않는 것은?

---

〈내규〉

제○○조
① 뇌물에 관한 죄는 임직원 또는 중재인이 그 직무에 관하여 뇌물을 수수(收受)·요구 또는 약속하는 수뢰죄와 임직원 또는 중재인에게 뇌물을 약속·공여(자진하여 제공하는 것)하거나 공여의 의사표시를 하는 증뢰죄를 포함한다. 뇌물에 관한 죄가 성립하기 위해서는 직무에 관하여 뇌물을 수수·요구 또는 약속한다는 사실에 대한 고의(故意)가 있어야 한다. 즉 직무의 대가에 대한 인식이 있어야 한다. 또한 뇌물로 인정되기 위해서는 그것이 직무에 관한 것이어야 하며, 뇌물은 불법한 보수이어야 한다. 여기서 '직무'란 임직원 또는 중재인의 권한에 속하는 직무행위 그 자체뿐만 아니라 직무와 밀접한 관계가 있는 행위도 포함하는 개념이다. 그리고 '불법한 보수'란 정당하지 않은 보수이므로, 법령이나 사회윤리적 관점에서 인정될 수 있는 정당한 대가는 뇌물이 될 수 없다. 그 밖에 '수수'란 뇌물을 취득하는 것을 의미하며, 수수라고 하기 위해서는 자기나 제3자의 소유로 할 목적으로 남의 재물을 취득할 의사가 있어야 한다. 한편 보수는 직무행위와 대가관계에 있는 것임을 요하고, 그 종류, 성질, 액수나 유형, 무형을 불문한다.
② 중재인이란 법령에 의하여 중재의 직무를 담당하는 자를 말한다. 예컨대 노동조합 및 노동관계조정법에 의한 중재위원, 중재법에 의한 중재인 등이 이에 해당한다.

---

① A는 사장님 비서실에 재직하면서 ○○은행장인 Z로부터 ○○은행으로 주거래 은행을 바꾸도록 사장님께 건의해 달라는 취지의 부탁을 받고 금전을 받았다.
② B는 각종 인·허가로 잘 알게 된 담당공무원 Y에게 건축허가를 해달라고 부탁하면서 술을 접대하였을 뿐만 아니라 Y가 윤락여성과 성관계를 맺을 수 있도록 하였다.
③ 홍보부 가짜뉴스 대응팀 직원인 C는 ○○회사가 외국인 산업연수생에 대한 관리업체로 선정되도록 중소기업협동조합중앙회 회장 J에게 잘 이야기해 달라는 부탁을 받고 K로부터 향응을 제공받았다.
④ D는 자신이 담당하는 공사도급 관련 입찰 정보를 넘겨주는 조건으로 공사도급을 받으려는 건설업자 X로부터 금품을 받아 이를 개인적인 용도로 사용하였다.
⑤ 해외파견팀장으로서 해외파견자 선발 업무를 취급하던 E가 V로부터 자신을 선발해 달라는 부탁과 함께 사례조로 받은 자기앞수표를 자신의 은행계좌에 예치시켰다가 그 뒤 후환을 염려하여 V에게 반환하였다.

**5.** 다음 중 밑줄 친 단어와 같은 의미로 사용된 문장은?

종묘(宗廟)는 조선시대 역대 왕과 왕비, 그리고 추존(追尊)된 왕과 왕비의 신주(神主)를 봉안하고 제사를 지내는 왕실의 사당이다. 신주는 사람이 죽은 후 하늘로 돌아간 신혼(神魂)이 의지하는 것으로, 왕과 왕비의 사후에도 그 신혼이 의지할 수 있도록 신주를 제작하여 종묘에 봉안했다. 조선 왕실의 신주는 우주(虞主)와 연주(練主) 두 종류가 있는데, 이 두 신주는 모양은 같지만 쓰는 방식이 달랐다. 먼저 우주는 묘호(廟號), 상시(上諡), 대왕(大王)의 순서로 붙여서 썼다. 여기에서 묘호와 상시는 임금이 승하한 후에 신위(神位)를 종묘에 봉안할 때 올리는 것으로서, 묘호는 '태종', '세종', '문종' 등과 같은 추존 칭호이고 상시는 8글자의 시호로 조선의 신하들이 정해 올렸다.

한편 연주는 유명증시(有明贈諡), 사시(賜諡), 묘호, 상시, 대왕의 순서로 붙여서 썼다. 사시란 중국이 조선의 승하한 국왕에게 내려준 시호였고, 유명증시는 '명나라 왕실이 시호를 내린다'는 의미로 사시 앞에 붙여 썼던 것이었다. 하지만 중국 왕조가 명나라에서 청나라로 바뀐 이후에는 연주의 표기 방식이 바뀌었는데, 종래의 표기 순서 중에서 유명증시와 사시를 빼고 표기하게 되었다. 유명증시를 뺀 것은 더 이상 시호를 내려줄 명나라가 존재하지 않았기 때문이었고, 사시를 뺀 것은 청나라가 시호를 보냈음에도 불구하고 조선이 청나라를 오랑캐의 나라로 치부하여 그것을 신주에 반영하지 않았기 때문이었다.

① 그는 산속에서 지내면서 혼자 공부를 하고 있다.
② 둘은 전에 없이 친하게 지내고 있었다.
③ 그는 이전에 시장을 지내고 지금은 시골에서 글을 쓰며 살고 있다.
④ 비가 하도 오지 않아 기우제를 지내기로 했다.
⑤ 아이들은 휴양지에서 여름 방학을 지내기를 소원하였다.

**6.** 다음은 N사의 단독주택용지 수의계약 공고문 중 일부이다. 공고문의 내용을 바르게 이해한 것은?

[○○ 블록형 단독주택용지(1필지) 수의계약 공고]

1. 공급대상토지

| 면적 (㎡) | 세대수 (호) | 평균 규모 (㎡) | 용적률 (%) | 공급가격 (천원) | 계약보증금 (원) | 사용 가능 시기 |
|---|---|---|---|---|---|---|
| 25,479 | 63 | 400 | 100% 이하 | 36,944,550 | 3,694,455,000 | 즉시 |

2. 공급일정 및 장소

| 일정 | 2019년 1월 11일 오전 10시부터 선착순 수의계약 (토·일요일 및 공휴일, 업무시간 외는 제외) |
|---|---|
| 장소 | N사 ○○지역본부 1층 |

3. 신청자격
아래 두 조건을 모두 충족한 자
- 실수요자 : 공고일 현재 주택법에 의한 주택건설사업자로 등록한 자
- 3년 분할납부(무이자) 조건의 토지매입 신청자
  ※ 납부 조건 : 계약체결 시 계약금 10%, 중도금 및 잔금 90%(6개월 단위 6회 납부)

4. 계약체결 시 구비서류
- 법인등기부등본 및 사업자등록증 사본 각 1부
- 법인인감증명서 1부 및 법인인감도장(사용인감계 및 사용인감)
- 대표자 신분증 사본 1부(위임 시 위임장 1부 및 대리인 신분증 제출)
- 주택건설사업자등록증 1부
- 계약금 납입영수증

① 계약이 체결되면 즉시 해당 토지에 단독주택을 건설할 수 있다.
② 계약체결 후 첫 번째 내야 할 중도금은 5,250,095,000원이다.
③ 규모 400㎡의 단독주택용지를 일반 수요자에게 분양하는 공고이다.
④ 계약에 대한 보증금이 공급가격보다 더 높아 실수요자에게 부담을 줄 우려가 있다.
⑤ 토지에 대한 계약은 계약체결 시 구비서류를 갖춰 신청한 사람 중 최고가 입찰액을 작성한 사람에게 이루어진다.

**7.** 다음은 ○○문화회관 전시기획팀의 주간회의록이다. 자료에 대한 내용으로 옳은 것은?

| 주 간 회 의 록 | | | | | |
|---|---|---|---|---|---|
| 회의 일시 | 2018. 7. 2(월) | 부서 | 전시기획팀 | 작성자 | 사원 甲 |
| 참석자 | 戊 팀장, 丁 대리, 丙 사원, 乙 사원 | | | | |
| 회의 안건 | 1. 개인 주간 스케줄 및 업무 점검<br>2. 2018년 하반기 전시 일정 조정 | | | | |

| | 내용 | 비고 |
|---|---|---|
| 회의 내용 | 1. 개인 주간 스케줄 및 업무 점검<br>• 戊 팀장 : 하반기 전시 참여 기관 미팅, 외부 전시장 섭외<br>• 丁 대리 : 하반기 전시 브로슈어 작업, 브로슈어 인쇄 업체 선정<br>• 丙 사원 : 홈페이지 전시 일정 업데이트<br>• 乙 사원 : 2018년 상반기 전시 만족도 조사<br>2. 2018년 하반기 전시 일정 조정<br>• 하반기 전시 기간 : 9~11월, 총 3개월<br>• 전시 참여 기관 : A~I 총 9팀<br> －관내 전시장 6팀, 외부 전시장 3팀<br>• 전시 일정 : 관내 2팀, 외부 1팀 으로 3회 진행 | • 7월 7일 AM 10:00 외부 전시장 사전답사 (戊 팀장, 丁 대리)<br><br><br><br>• 회의 종료 후, 전시 참여 기관에 일정 안내 (7월 4일까지 변경 요청 없을 시 그대로 확정) |

| 장소＼기간 | 관내 전시장 | 외부 전시장 |
|---|---|---|
| 9월 | A, B | C |
| 10월 | D, E | F |
| 11월 | G, H | I |

| | 내용 | 작업자 | 진행일정 |
|---|---|---|---|
| 결정 사항 | 브로슈어 표지 이미지 샘플조사 | 丙 사원 | 2018. 7. 2~7. 3 |
| | 상반기 전시 만족도 설문조사 | 乙 사원 | 2018. 7. 2~7. 5 |

| 특이 사항 | 다음 회의 일정 : 7월 9일<br>• 2018년 상반기 전시 만족도 확인<br>• 브로슈어 표지 결정, 내지 1차 시안 논의 |
|---|---|

① 이번 주 금요일 외부 전시장 사전 답사에는 戊 팀장과 丁 대리만 참석한다.

② 丙 사원은 이번 주에 홈페이지 전시 일정 업데이트만 하면 된다.

③ 7월 4일까지 전시 참여 기관에서 별도의 연락이 없었다면, H팀의 전시는 2018년 11월 관내 전시장에 볼 수 있다.

④ 2018년 하반기 전시는 ○○문화회관 관내 전시장에서만 열릴 예정이다.

⑤ 乙 사원은 이번 주 금요일까지 상반기 전시 만족도 설문 조사를 진행할 예정이다.

**8.** 다음은 T전자회사가 기획하고 있는 '전자제품 브랜드 인지도에 관한 설문조사'를 위하여 작성한 설문지의 표지 글이다. 다음 표지 글을 참고할 때, 설문조사의 항목에 포함되기에 가장 적절하지 않은 것은?

> [전자제품 브랜드 인지도에 관한 설문조사]
>
> 안녕하세요? T전자회사 홍보팀입니다.
> 저희 T전자에서는 고객들에게 보다 나은 제품을 제공하기 위하여 전자제품 브랜드 인지도에 대한 고객 분들의 의견을 청취하고자 합니다. 전자제품 브랜드에 대한 여러분의 의견을 수렴하여 더 좋은 제품과 서비스를 공급하고자 하는 것이 이 설문조사의 목적입니다. 바쁘시더라도 잠시 시간을 내어 본 설문조사에 응해주시면 감사하겠습니다. 응답해 주신 사항에 대한 철저한 비밀 보장을 약속드립니다. 감사합니다.
>
> T전자회사 홍보팀 담당자 홍길동
> 전화번호 : 1588-0000

① 귀하는 T전자회사의 브랜드인 'Think-U'를 알고 계십니까?
　㉠ 예　　　㉡ 아니오

② 귀하가 주로 이용하는 전자제품은 어느 회사 제품입니까?
　㉠ T전자회사　㉡ R전자회사　㉢ M전자회사　㉣ 기타(　)

③ 귀하에게 전자제품 브랜드 선택에 가장 큰 영향을 미치는 요인은 무엇입니까?
　㉠ 광고　　㉡ 지인 추천　㉢ 기존 사용 제품　㉣ 기타(　)

④ 귀하가 일상생활에 가장 필수적이라고 생각하시는 전자제품은 무엇입니까?
　㉠ TV　　㉡ 통신기기　㉢ 청소용품　㉣ 주방용품

⑤ 귀하는 전자제품의 품목별 브랜드를 달리 선택하는 편입니까?
　㉠ 예　　　㉡ 아니오

**┃9~10┃** (가)는 카드 뉴스, (나)는 신문 기사이다. 물음에 답하시오.

(가)

[카드뉴스]

노약자석?
**NO**
교통약자석!

버스나 지하철 '노약자석'의 정식 명칭은 '교통약자석'입니다.

여기서 '교통약자'란 고령자 뿐만 아니라 장애인, 임산부, 영유아 동반자 등을 말합니다.

교통약자석의 설치 근거는 '교통약자의 이동편의 증진법' 입니다.

그러나 이에 대한 인식부족으로 교통약자석이 제 기능을 못하고 있습니다.

교통약자에 대한 배려와 평등권 보장이라는 의의를 지닌 교통약자석에 대해 올바른 인식이 필요한 때입니다.

(나)

– 교통약자석, 본래의 기능 다하고 있나? –
좌석에 대한 올바른 인식 필요

　요즘 대중교통 교통약자석이 논란이 되고 있다. 실제로 서울 지하철 교통약자석 관련 민원이 2014년 117건에서 2016년 400건 이상으로 대폭 상승했다. 다음은 교통약자석과 관련된 인터뷰 내용이다.
　"저는 출근 전 아이를 시댁에 맡길 때 지하철을 이용해요. 가끔 교통약자석에 앉곤 하는데, 그 자리가 어르신들을 위한 자리 같아 마음이 불편해요. 자리다툼이 있었다는 뉴스를 본 후 앉는 것이 더 망설여져요." (회사원 김○○ 씨(여, 32세))
　'교통약자의 이동편의 증진법'에 따라 설치된 교통약자석은 장애인, 고령자, 임산부, 영유아를 동반한 사람, 어린이 등 일상생활에서 이동에 불편을 느끼는 사람이라면 누구나 이용할 수 있다. 그러나 위 인터뷰에서처럼 시민들이 교통약자석에 대해 제대로 알지 못해 교통약자석이 본래의 기능을 다하고 있지 못하는 실정이다. 교통약자석이 제 기능을 다하기 위해서는 이에 대한 시민들의 올바른 인식이 필요하다.

　　　　　　　　– 2017. 10. 24. ○○신문, ㅁㅁㅁ기자

---

**9.** (가)에 대한 이해로 적절하지 않은 것은?

① 의문을 드러내고 그에 답하는 방식을 통해 교통약자석에 대한 잘못된 통념을 환기하고 있다.
② 교통약자석과 관련된 법을 제시하여 글의 정확성과 신뢰성을 높이고 있다.
③ 용어에 대한 설명을 통해 '교통약자'의 의미를 이해하도록 돕고 있다.
④ 교통약자석에 대한 인식 부족으로 인해 발생하는 문제점들을 원인에 따라 분류하고 있다.
⑤ 교통약자석의 설치 의의를 언급함으로써 글의 주제에 대해 공감할 수 있도록 유도하고 있다.

**10.** (가)와 (나)를 비교한 내용으로 적절한 것은?

① (가)와 (나)는 모두 다양한 통계 정보를 활용하여 주제를 뒷받침하고 있다.
② (가)는 (나)와 달리 글과 함께 그림들을 비중 있게 제시하여 의미 전달을 용이하게 하고 있다.
③ (가)는 (나)와 달리 제목을 표제와 부제의 방식으로 제시하여 뉴스에 담긴 의미를 강조하고 있다.
④ (나)는 (가)와 달리 비유적이고 함축적인 표현들을 주로 사용하여 주제 전달의 효과를 높이고 있다.
⑤ (나)는 (가)와 달리 표정이나 몸짓 같은 비언어적 요소를 활용하여 내용을 실감 나게 전달하고 있다.

**11.** 다음 A, B 두 국가 간의 시간차와 비행시간으로 옳은 것은?

〈A↔B 국가 간의 운항 시간표〉

| 구간 | 출발시각 | 도착시각 |
|---|---|---|
| A→B | 09 : 00 | 13 : 00 |
| B→A | 18 : 00 | 06 : 00(다음날) |

- 출발 및 도착시간은 모두 현지시각이다.
- 비행시간은 A→B 구간, B→A 구간 동일하다.
- A가 B보다 1시간 빠르다는 것은 A가 오전 5시일 때, B가 오전 4시임을 의미한다.

|  | 시차 | 비행시간 |
|---|---|---|
| ① | A가 B보다 4시간 느리다. | 12시간 |
| ② | A가 B보다 4시간 빠르다. | 8시간 |
| ③ | A가 B보다 2시간 느리다. | 10시간 |
| ④ | A가 B보다 2시간 빠르다. | 8시간 |
| ⑤ | A가 B보다 4시간 느리다. | 10시간 |

**12.** 다음은 가구당 순자산 보유액 구간별 가구 분포에 관련된 표이다. 이 표를 바탕으로 이해한 내용으로 가장 적절한 것은?

〈가구당 순자산 보유액 구간별 가구 분포〉

(단위 : %, %p)

| 순자산(억 원) | 가구분포 | | |
|---|---|---|---|
|  | 2016년 | 2017년 | 전년차(비) |
| −1 미만 | 0.2 | 0.2 | 0.0 |
| −1~0 미만 | 2.6 | 2.7 | 0.1 |
| 0~1 미만 | 31.9 | 31.2 | −0.7 |
| 1~2 미만 | 19.1 | 18.5 | −0.6 |
| 2~3 미만 | 13.8 | 13.5 | −0.3 |
| 3~4 미만 | 9.5 | 9.4 | −0.1 |
| 4~5 미만 | 6.3 | 6.8 | 0.5 |
| 5~6 미만 | 4.4 | 4.6 | 0.2 |
| 6~7 미만 | 3.0 | 3.2 | 0.2 |
| 7~8 미만 | 2.0 | 2.2 | 0.2 |
| 8~9 미만 | 1.5 | 1.5 | 0.0 |
| 9~10 미만 | 1.2 | 1.2 | 0.0 |
| 10 이상 | 4.5 | 5.0 | 0.5 |
| 평균(만 원) | 29,918 | 31,142 | 4.1 |
| 중앙값(만 원) | 17,740 | 18,525 | 4.4 |

① 순자산 보유액이 많은 가구보다 적은 가구의 2017년 비중이 전년보다 더 증가하였다.

② 순자산이 많은 가구의 소득은 2016년 대비 2017년에 더 감소하였다.

③ 소수의 사람들이 많은 순자산을 가지고 있다.

④ 2017년의 순자산 보유액이 3억 원 미만인 가구는 전체의 50%가 조금 안 된다.

⑤ 1억 원 미만의 순자산을 보유한 가구의 비중은 2017년에 전혀 줄지 않았다.

**13.** 다음은 동석이의 7월 보수 지급 명세서이다. 이에 대한 설명으로 옳지 않은 것은?

〈보수 지급 명세서〉

(단위 : 원)

| 실수령액 : ( ) | | | |
|---|---|---|---|
| 보수 | | 공제 | |
| 보수항목 | 보수액 | 공제항목 | 공제액 |
| 봉급 | ( ) | 소득세 | 150,000 |
| 중요직무급 | 130,000 | 지방소득세 | 15,000 |
| 시간외수당 | 320,000 | 일반기여금 | 184,000 |
| 정액급식비 | 120,000 | 건강보험료 | 123,000 |
| 직급보조비 | 200,000 | 장기요양보험료 | 9,800 |
| 보수총액 | ( ) | 공제총액 | ( ) |

① 소득세는 지방소득세의 8배 이상이다.

② 소득세가 공제총액에서 차지하는 비율은 30% 이상이다.

③ 봉급이 193만 원 이라면 보수총액은 공제총액의 6배 이상이다.

④ 시간외수당은 정액급식비와 15만 원 이상 차이난다.

⑤ 공제총액에서 차지하는 비율이 가장 낮은 것은 장기요양보험료이다.

**┃14~15┃** 다음은 전기 관련 사고에 대한 자료이다. 물음에 답하시오.

| 구분 | 2006 | 2011 | 2012 | 2013 | 2014 | 2015 | 2016 |
|---|---|---|---|---|---|---|---|
| 감전사고(건) | 212 | 222 | 224 | 215 | 224 | 232 | 221 |
| 정전사고(건) | 6,166 | 5,229 | 5,392 | 5,092 | 4,762 | 4,621 | 4,292 |
| 전기화재 (천 건) | 336 | 341 | 345 | 329 | 337 | 350 | 332 |
| 인구 1만 명당 감전사고(건) | 3.1 | 2.4 | 2.4 | 2.2 | 2.0 | 1.9 | 1.7 |
| 인구 10만 명당 감전사고 사망자수(명) | 12.7 | 10.7 | 10.8 | 10.1 | 9.4 | 9.1 | 8.5 |
| 전기화재 피해자 중 사망자 구성비(%) | 37.4 | 39.1 | 37.6 | 38.9 | 40.1 | 38.8 | 39.9 |

**14.** 다음 중 위의 자료를 올바르게 해석하지 못한 것은 어느 것인가?

① 2016년에는 10년 전보다 감전사고 건수와 전기화재 피해자 중 사망자 구성비가 더 증가하였다.

② 정전사고와 전기화재 건수의 합은 2012년 이후 지속적으로 감소하였다.

③ 2011~2016년까지의 평균 감전사고 건수보다 더 높은 건수를 기록한 해는 3개 연도이다.

④ 전기화재가 발생하면 10명 중 약 4명꼴로 사망하였다.

⑤ 2012년 이후 인구 1만 명당 감전사고 건수와 인구 10만 명당 감전사고 사망자 수는 지속 감소하였다.

**15.** 2006년의 총 인구 수가 1천만 명이었다고 가정할 경우, 2016년의 총 감전사고 건수가 2006년과 같아지게 될 때의 총 인구 수는 몇 명인가? (반올림하여 천의 자리까지 표시함)

① 17,508천 명      ② 17,934천 명

③ 18,011천 명      ④ 18,235천 명

⑤ 18,569천 명

**16.** 다음은 서원이가 매일하는 운동에 관한 기록지이다. 1회당 정문에서 후문을 왕복하여 달리는 운동을 할 때, 정문에서 후문까지의 거리 ㉠과 후문에서 정문으로 돌아오는데 걸린 시간 ㉡은? (단, 매회 달리는 속도는 일정하다고 가정한다.)

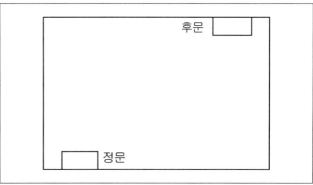

| 회차 | 속도 | | 시간 |
|---|---|---|---|
| 1회 | 정문→후문 | 20m/초 | 5분 |
| | 후문→정문 | | |
| | ⋮ | | ⋮ |
| 5회 | | | 70분 |

※ 총 5회 반복

※ 마지막 바퀴는 10분을 쉬고 출발

|     | ㉠       | ㉡   |
|-----|---------|------|
| ①   | 6,000m  | 7분  |
| ②   | 5,000m  | 8분  |
| ③   | 4,000m  | 9분  |
| ④   | 3,000m  | 10분 |
| ⑤   | 2,000m  | 11분 |

**17.** 다음은 H국의 연도별 청소기 매출에 관한 자료이다. 다음의 조건에 따를 때, 2002년과 2010년의 청소기 매출액의 차이는?

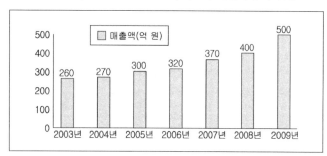

〈조건〉
㉠ 2006년 대비 2010년의 청소기 매출액 증가율은 62.5%
㉡ 2002년 대비 2004년의 청소기 매출액 감소율은 10%

① 190억 원  ② 200억 원
③ 210억 원  ④ 220억 원
⑤ 230억 원

**18.** 다음은 연도별 ICT산업 생산규모 관한 자료이다. 다음 상황을 참고하여 ㈎에 들어갈 값으로 적절한 것은?

(단위 : 천억 원)

| 구분 \ 연도 | | 2005 | 2006 | 2007 | 2008 |
|------|------|------|------|------|------|
| 정보 통신 방송 서비스 | 통신 서비스 | 37.4 | 38.7 | 40.4 | 42.7 |
| | 방송 서비스 | 8.2 | 9.0 | 9.7 | 9.3 |
| | 융합 서비스 | 3.5 | ㈎ | 4.9 | 6.0 |
| | 소계 | 49.1 | ㈏ | 55.0 | 58.0 |
| 정보 통신 방송 기기 | 통신 기기 | 43.4 | 43.3 | 47.4 | 61.2 |
| | 정보 기기 | 14.5 | ㈐ | ㈑ | 9.8 |
| | 음향 기기 | 14.2 | 15.3 | 13.6 | ㈒ |
| | 소계 | 72.1 | ㈓ | 71.1 | 85.3 |
| 합계 | | 121.2 | ㈔ | 126.1 | 143.3 |

〈상황〉
㉠ 2006년 융합서비스의 생산규모는 전년대비 1.2배가 증가하였다.
㉡ 2007년 정보기기의 생산규모는 전년대비 3천억 원이 감소하였다.

① 121.4  ② 122.8
③ 123.6  ④ 124.9
⑤ 125.2

**19.** 다음은 두 회사의 주가에 관한 자료이다. 다음 중 B사 주가의 최댓값과 주가지수의 최솟값은?

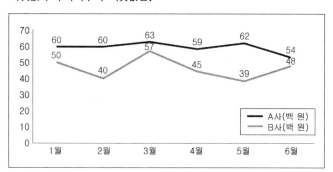

$$※ 주가지수 = \frac{해당 월\ A사의\ 주가 + 해당 월\ B사의\ 주가}{1월\ A사의\ 주가 + 1월\ B사의\ 주가} \times 100$$

| | B사 주가의 최댓값 | 주가지수의 최솟값 |
|---|---|---|
| ① | 57 | 90.9 |
| ② | 50 | 91.8 |
| ③ | 48 | 94.5 |
| ④ | 45 | 100.0 |
| ⑤ | 40 | 109.1 |

**20.** 아래 자료를 참고할 때, 위의 빈 칸 ㉠, ㉡에 들어갈 알맞은 수치는 얼마인가?

| 구분 | 2015년의 2007년 대비 증감 수 | 2014~2016년의 연평균 건수 |
|---|---|---|
| 남(초) + 여(초) | -22 | 233 |
| 남(재) + 여(초) | -4 | 12 |
| 남(초) + 여(재) | -4 | 16 |
| 남(재) + 여(재) | -7 | 33 |

① 237, 53  
② 240, 55  
③ 237, 43  
④ 240, 43  
⑤ 237, 55

**21.** 위의 상황을 근거로 한 다음 〈보기〉와 같은 판단 중 타당한 것으로 볼 수 있는 것을 모두 고르면?

〈보기〉
(가) 자신은 초혼이지만 상대방은 재혼이라도 괜찮다고 생각한 것은 남성이 여성보다 매년 더 많다.
(나) 이혼율이 증가하면 초혼 간의 혼인율이 감소한다.
(다) 여성의 재혼 건수가 전년보다 증가한 해는 남성의 재혼 건수도 항상 전년보다 증가한다.
(라) 2016년에는 10년 전보다 재혼이 증가하고 초혼이 감소하였다.

① (가), (라)  
② (나), (다)  
③ (나), (라)  
④ (가), (다)  
⑤ (다), (라)

┃ 20~21 ┃ 다음은 A시의 연도별 · 혼인종류별 건수와 관련된 자료이다. 자료를 보고 이어지는 물음에 답하시오.

〈A시의 연도별 · 혼인종류별 건수〉
(단위 : 건)

| 구분 | | 2007 | 2008 | 2009 | 2010 | 2011 | 2012 | 2013 | 2014 | 2015 | 2016 |
|---|---|---|---|---|---|---|---|---|---|---|---|
| 남자 | 초혼 | 279 | 270 | 253 | 274 | 278 | 274 | 272 | 257 | 253 | ㉠ |
| | 재혼 | 56 | 58 | 52 | 53 | 47 | 55 | 48 | 47 | 45 | ㉡ |
| 여자 | 초혼 | 275 | 266 | 248 | 269 | 270 | 272 | 267 | 255 | 249 | 231 |
| | 재혼 | 60 | 62 | 57 | 58 | 55 | 57 | 53 | 49 | 49 | 49 |

(단위 : 건)

| 구분 | 2007 | 2008 | 2009 | 2010 | 2011 | 2012 | 2013 | 2014 | 2015 | 2016 |
|---|---|---|---|---|---|---|---|---|---|---|
| 남(초) + 여(초) | 260 | 250 | 235 | 255 | 260 | 255 | 255 | 241 | ( ) | ( ) |
| 남(재) + 여(초) | 15 | 16 | 13 | 14 | 10 | 17 | 12 | 14 | ( ) | ( ) |
| 남(초) + 여(재) | 19 | 20 | 18 | 19 | 18 | 19 | 17 | 16 | ( ) | ( ) |
| 남(재) + 여(재) | 41 | 42 | 39 | 39 | 37 | 38 | 36 | 33 | ( ) | ( ) |

※ 초 : 초혼, 재 : 재혼

**22.** A기업 기획팀에서는 새로운 프로젝트를 추진하면서 업무추진력이 높은 직원은 프로젝트의 팀장으로 발탁하려고 한다. 성취행동 경향성이 높은 사람을 업무추진력이 높은 사람으로 규정할 때, 아래의 정의를 활용해서 〈보기〉의 직원들을 업무추진력이 높은 사람부터 순서대로 바르게 나열한 것은?

성취행동 경향성(TACH)의 강도는 성공추구 경향성(Ts)에서 실패회피 경향성(Tf)을 뺀 점수로 계산할 수 있다(TACH = Ts − Tf). 성공추구 경향성에는 성취동기(Ms)라는 잠재적 에너지의 수준이 영향을 준다. 왜냐하면 성취동기는 성과가 우수하다고 평가받고 싶어 하는 것으로 어떤 사람의 포부수준, 노력 및 끈기를 결정하기 때문이다. 어떤 업무에 대해서 사람들이 제각기 다양한 방식으로 행동하는 것은 성취동기가 다른 데도 원인이 있지만, 개인이 처한 환경요인이 서로 다르기 때문이기도 하다. 이 환경요인은 성공기대확률(Ps)과 성공결과의 가치(Ins)로 이루어진다. 즉 성공추구 경향성은 이 세 요소의 곱으로 결정된다(Ts = Ms × Ps × Ins).

한편 실패회피 경향성은 실패회피동기, 실패기대확률 그리고 실패결과의 가치의 곱으로 결정된다. 이때 성공기대확률과 실패기대확률의 합은 1이며, 성공결과의 가치와 실패결과의 가치의 합은 1이다.

〈보기〉
• A는 성취동기가 3이고, 실패회피동기가 1이다. 그는 국제환경협약에 대비한 공장건설환경규제안을 만들었는데, 이 규제안의 실현가능성을 0.7로 보며, 규제안이 실행될 때의 가치를 0.2로 보았다.
• B는 성취동기가 2이고, 실패회피동기가 1이다. 그는 도시고속화도로 건설안을 기획하였는데, 이 기획안의 실패가능성을 0.7로 보며, 도로건설사업이 실패하면 0.3의 가치를 갖는다고 보았다.
• C는 성취동기가 3이고, 실패회피동기가 2이다. 그는 △△지역의 도심재개발계획을 주도하였는데, 이 계획의 실현가능성을 0.4로 보며, 재개발사업이 실패하는 경우의 가치를 0.3으로 보았다.

① A, B, C
② B, A, C
③ B, C, A
④ C, A, B
⑤ C, B, A

**23.** 김대리는 모스크바 현지 영업소로 출장을 갈 계획이다. 4일 오후 2시(현지시각) 모스크바에서 회의가 예정되어 있어 모스크바 공항에 적어도 오전 11시 이전에는 도착하고자 한다. 인천에서 모스크바까지 8시간이 걸리며, 시차는 인천이 모스크바보다 6시간이 더 빠르다. 김대리는 인천에서 늦어도 몇 시(인천기준)에 출발하는 비행기를 예약하여야 하는가?

① 3일 09 : 00
② 3일 19 : 00
③ 4일 09 : 00
④ 4일 11 : 00
⑤ 5일 02 : 00

**24.** 다음 글을 읽고 이 글의 내용과 부합되는 것을 고르시오.

말갈은 고구려의 북쪽에 있으며 읍락마다 추장이 있으나 서로 하나로 통일되지는 못했다. 무릇 7종이 있으니 첫째는 속말부라 부르며 고구려에 접해 있고, 둘째는 백돌부로 속말의 북쪽에 있다. 셋째. 안차골부는 백돌의 동북쪽에 있고, 넷째, 불열부는 백돌의 동쪽에 있다. 다섯째는 호실부로 불열의 동쪽에 있고, 여섯째는 흑수부로 안차골의 서북쪽에 있으며, 일곱째는 백산부로 속말의 동쪽에 있다. 정병은 3천이 넘지 않고 흑수부가 가장 강하다.

① 벽돌부는 호실부의 서쪽에 있다.
② 흑수부는 백산부의 동쪽에 있다.
③ 백산부는 불열부의 북쪽에 있다.
④ 안차골부는 속말부의 서북쪽에 있다.
⑤ 안차골부는 고구려에 인접해 있다.

**25.** 다음 다섯 사람 중 오직 한 사람만이 거짓말을 하고 있다. 거짓말을 하고 있는 사람은 누구인가?

- A : B는 거짓말을 하고 있지 않다.
- B : C의 말이 참이면 D의 말도 참이다.
- C : E는 거짓말을 하고 있다.
- D : B의 말이 거짓이면 C의 말은 참이다.
- E : A의 말이 참이면 D의 말은 거짓이다.

① A
② B
③ C
④ D
⑤ E

**26.** 다음 글의 내용이 참일 때 최종 선정되는 단체는 어디인가?

문화체육관광부는 우수 문화예술 단체 A, B, C, D, E 중 한 곳을 선정하여 지원하려 한다. 문화체육관광부의 금번 선정 방침은 다음 두 가지이다. 첫째, 어떤 형태로든 지원을 받고 있는 단체는 최종 후보가 될 수 없다. 둘째, 최종 선정 시 올림픽 관련 단체를 엔터테인먼트 사업(드라마, 영화, 게임) 단체보다 우선한다.

A 단체는 자유무역협정을 체결한 필리핀에 드라마 콘텐츠를 수출하고 있지만 올림픽과 관련한 사업은 하지 않는다. B 단체는 올림픽의 개막식 행사, C 단체는 올림픽의 폐막식 행사를 각각 주관하는 단체이다. E 단체는 오랫동안 한국 음식 문화를 세계에 보급해 온 단체이다. A와 C 단체 중 적어도 한 단체가 최종 후보가 되지 못한다면, 대신 B와 E 중 적어도 한 단체는 최종 후보가 된다. 반면 게임 개발로 각광을 받는 단체인 D가 최종 후보가 된다면, 한국과 자유무역협정을 체결한 국가와 교역을 하는 단체는 모두 최종 후보가 될 수 없다.

후보 단체들 중 가장 적은 부가가치를 창출한 단체는 최종 후보가 될 수 없고, 최종 선정은 최종 후보가 된 단체 중에서만 이루어진다.

문화체육관광부의 조사 결과, 올림픽의 개막식 행사를 주관하는 모든 단체는 이미 보건복지부로부터 지원을 받고 있다. 그리고 위 문화예술 단체 가운데 한국 음식문화 보급과 관련한 단체의 부가가치 창출이 가장 저조하였다.

① A
② B
③ C
④ D
⑤ E

**27.** 최근 수입차의 가격 할인 프로모션 등으로 인하여 국내 자동차 시장이 5년 만에 마이너스 성장한 것으로 나타남에 따라 乙자동차회사에 근무하는 A대리는 신차 개발에 앞서 자동차 시장에 대한 환경 분석과 관련된 보고서를 제출하라는 업무를 받았다. 다음은 A대리가 작성한 자동차 시장에 대한 SWOT분석이다. 기회 요인에 작성한 내용 중 잘못된 것은?

| 강점 | 약점 |
|---|---|
| • 자동차그룹으로서의 시너지 효과<br>• 그룹 내 위상·역할 강화<br>• G 시리즈의 성공적인 개발 경험<br>• 하이브리드 자동차 기술 개발 성공 | • 노조의 잦은 파업<br>• 과도한 신차 개발<br>• 신차의 짧은 수명<br>• 경쟁사의 공격적인 마케팅 대응 부족<br>• 핵심 부품의 절대적 수입 비중 |

| 기회 | 위협 |
|---|---|
| ① 노후 경유차 조기폐차 보조금 지원<br>② 하이브리드 자동차에 대한 관심 증대<br>③ 국제유가 하락세의 장기화<br>④ 난공불락의 甲자동차회사<br>⑤ 자동차 개별소비사 인하 기간 연장 | • 대대적인 수입차 가격 할인 프로모션<br>• 취업난으로 인한 젊은 층의 소득 감소<br>• CEO의 부정적인 이미지 이슈화<br>• 미국의 한국산 자동차 관세 부과 시사 |

**28.** 한전에 다니는 甲은 학술지에 실린 국가별 신재생에너지 보급률 관련 자료가 훼손된 것을 발견하였다. ㉠~㉟까지가 명확하지 않은 상황에서 〈보기〉의 내용만을 가지고 그 내용을 추론한다고 할 때, 바르게 나열된 것은?

| ㉠ | ㉡ | ㉢ | ㉣ | ㉤ | ㉥ | ㉦ | 평균 |
|---|---|---|---|---|---|---|---|
| 68% | 47% | 46% | 37% | 28% | 27% | 25% | 39.7% |

〈보기〉
㉮ 스웨덴, 미국, 한국은 평균보다 높은 신재생에너지 보급률을 보인다.
㉯ 가장 높은 신재생에너지 보급률을 나타내는 국가의 절반에 못 미치는 신재생에너지 보급률을 보인 나라는 칠레, 멕시코, 독일이다.
㉰ 한국과 멕시코의 신재생에너지 보급률의 합은 스웨덴과 칠레의 신재생에너지 보급률의 합보다 20%p 많다.
㉱ 일본보다 신재생에너지 보급률이 높은 국가의 수와 낮은 국가의 수는 동일하다.

① 미국 – 한국 – 스웨덴 – 일본 – 멕시코 – 독일 – 칠레
② 스웨덴 – 미국 – 한국 – 일본 – 칠레 – 멕시코 – 독일
③ 한국 – 미국 – 스웨덴 – 일본 – 독일 – 칠레 – 멕시코
④ 한국 – 스웨덴 – 미국 – 일본 – 독일 – 멕시코 – 칠레
⑤ 미국 – 한국 – 스웨덴 – 일본 – 칠레 – 독일 – 멕시코

**29.** 다음 조건을 통해 추론을 할 때, 서로 대화가 가능한 사람끼리 짝지어진 것은?

- 갑, 을, 병, 정은 사용가능한 언어만으로 대화를 할 수 있다.
- 갑, 을, 병, 정은 모두 2개 국어를 사용한다.
- 갑은 영어와 한국어를 사용한다.
- 을은 한국어와 프랑스를 사용한다.
- 병은 독일어와 영어를 사용한다.
- 정은 프랑스어와 중국어를 사용한다.
- 무는 태국어와 한국어를 사용한다.

① 갑, 정      ② 을, 병
③ 병, 무      ④ 정, 병
⑤ 무, 갑

**30.** 다음은 1년간 판매율이 가장 높았던 제품 4종에 대한 소비자 평가 점수이다. 이 자료를 참고할 때, 제시된 네 명의 구매자에게 선택받지 못한 제품은?

〈제품에 대한 소비자 평가 점수〉

(단위 : 점)

| 제품명\평가기준 | B | D | K | M |
|---|---|---|---|---|
| 원료 | 10 | 8 | 5 | 8 |
| 가격 | 4 | 9 | 10 | 7 |
| 인지도 | 8 | 7 | 9 | 10 |
| 디자인 | 5 | 10 | 9 | 7 |

〈구매 기준〉

㉠ 제인 : 나는 제품을 고를 때, 가격과 원료를 꼼꼼히 확인하겠어.
㉡ 데이먼 : 고민 없이 소비자 평가 총점이 높은 제품을 구매하겠어.
㉢ 밀러 : 내 기준에서 제품의 인지도와 디자인이 중요하다고 봐.
㉣ 휴즈 : 화장품은 원료, 가격, 인지도 모두가 중요한 요소라고 생각해.

① B      ② D
③ K      ④ M
⑤ 없음

**31.** 외국계 은행 서울지사에 근무하는 甲은 런던지사 乙, 시애틀지사 丙과 같은 프로젝트를 진행하면서 다음과 같이 영상업무회의를 진행하였다. 회의 시각은 런던을 기준으로 11월 1일 오전 9시라고 할 때, ㉠에 들어갈 일시는? (단 런던은 GMT+0, 서울은 GMT+9, 시애틀은 GMT-7을 표준시로 사용한다.)

甲 : 제가 프로젝트에서 맡은 업무는 오늘 오후 10시면 마칠 수 있습니다. 런던에서 받아서 1차 수정을 부탁드립니다.

乙 : 네, 저는 甲님께서 제시간에 끝내 주시면 다음날 오후 3시면 마칠 수 있습니다. 시애틀에서 받아서 마지막 수정을 부탁드립니다.

丙 : 알겠습니다. 저는 앞선 두 분이 제시간에 끝내 주신다면 서울을 기준으로 모레 오전 10시면 마칠 수 있습니다. 제가 업무를 마치면 프로젝트가 최종 마무리 되겠군요.

甲 : 잠깐, 다들 말씀하신 시각의 기준이 다른 것 같은데요? 저는 처음부터 런던을 기준으로 이해하고 말씀드렸습니다.

乙 : 저는 처음부터 시애틀을 기준으로 이해하고 말씀드렸는데요?

丙 : 저는 처음부터 서울을 기준으로 이해하고 말씀드렸습니다. 그렇다면 계획대로 진행될 때 서울을 기준으로 ( ㉠ )에 프로젝트를 최종 마무리할 수 있겠네요.

甲, 乙 : 네, 맞습니다.

① 11월 2일 오후 3시
② 11월 2일 오후 11시
③ 11월 3일 오전 10시
④ 11월 3일 오후 3시
⑤ 11월 3일 오후 7시

**32.** 다음은 중·저준위방사성폐기물 처분시설 유치 관련 주민투표 결과를 나타내는 표이다. 중·저준위방사성폐기물 처분시설 부지선 정은 19년간 표류하였던 최장기 국책사업이 최초로 주민투표를 통해 결정됨으로써 풀뿌리 민주주의 실현을 통한 효과적인 폐자원 처리능 력과 함께 사회적 갈등에 대한 민주적 해결사례의 새로운 모델을 제 시한 바 있다. 다음 〈보기〉의 설명을 토대로 할 때, 빈 칸 ㉠~㉣ 에 들어갈 알맞은 지역명을 순서대로 나열한 것은 어느 것인가?

(단위 : 명)

| 구분 | ㉠ | ㉡ | ㉢ | ㉣ |
|---|---|---|---|---|
| 총 선거인수 | 208,607 | 196,980 | 37,536 | 374,697 |
| 투표인수 | 147,625 | 138,192 | 30,107 | 178,586 |
| −부재자 투표 | 70,521 | 65,336 | 9,523 | 63,851 |
| −기표소 투표 | 77,115 | 72,856 | 20,584 | 114,735 |
| 투표율(%) | 70.8 | 70.2 | 80.2 | 47.7 |
| 찬성률(%) | 89.5 | 84.4 | 79.3 | 67.5 |

〈보기〉
1. 영덕군과 포항시의 총 선거인수의 합은 네 개 지역 전체 선 거인 수의 절반이 넘는다.
2. 영덕군과 군산시의 기표소 투표자의 합은 10만 명을 넘지 않는다.
3. 경주시와 군산시의 찬성률 차이는 군산시와 영덕군의 찬성 률 차이와 정확히 같다.

① 포항시 − 군산시 − 영덕군 − 경주시
② 경주시 − 영덕군 − 군산시 − 포항시
③ 군산시 − 경주시 − 영덕군 − 포항시
④ 경주시 − 군산시 − 영덕군 − 포항시
⑤ 경주시 − 군산시 − 포항시 − 영덕군

**33.** 다음 글과 〈법조문〉을 근거로 판단할 때, 甲이 乙에게 2,000 만 원을 1년간 빌려주면서 선이자로 800만 원을 공제하고 1,200만 원만을 준 경우, 乙이 갚기로 한 날짜에 甲에게 전부 변제하여야 할 금액은?

돈이나 물품 등을 빌려 쓴 사람이 돈이나 같은 종류의 물품 을 같은 양만큼 갚기로 하는 계약을 소비대차라 한다. 소비대 차는 이자를 지불하기로 약정할 수 있고, 그 이자는 일정한 이 율에 의하여 계산한다. 이런 이자는 돈을 빌려주면서 먼저 공 제할 수도 있는데, 이를 선이자라 한다. 한편 약정 이자의 상 한에는 법률상의 제한이 있다.

〈법조문〉
제00조
① 금전소비대차에 관한 계약상의 최고이자율은 연 30%로 한다.
② 계약상의 이자로서 제1항에서 정한 최고이자율을 초과하는 부분은 무효로 한다.
③ 약정금액(당초 빌려주기로 한 금액)에서 선이자를 사전공제 한 경우, 그 공제액이 '채무자가 실제 수령한 금액'을 기준 으로 하여 제1항에서 정한 최고이자율에 따라 계산한 금액 을 초과하면 그 초과부분은 약정금액의 일부를 변제한 것 으로 본다.

① 760만 원
② 1,000만 원
③ 1,560만 원
④ 1,640만 원
⑤ 1,800만 원

**34.** A씨는 자신이 소유한 대지에 건물을 지으려고 한다. 대지의 면적이 다음 그림과 같을 때, 허용된 최대 건폐율과 용적률을 적용하여 건물을 짓는다면 건물 한 층의 면적과 층수는 각각 얼마인가? (단, 주차장 및 지하 공간 등은 고려하지 않는다.)

건폐율이란 대지에 건축물의 그림자가 덮고 있는 비율을 의미한다. 그러나 건폐율로는 건축물의 평면적인 규모를 가늠할 수 있을 뿐 전체 건축물의 면적(연면적)이나 층수 등의 입체적인 규모는 알 수 없다. 건축물의 입체적인 규모를 가늠할 수 있는 것은 용적률이다. 건폐율과 용적률의 최대 허용치는 토지의 용도지역에 따라 다음과 같은 기준이 적용된다.

| 용도지역구분 | | | 건폐율 | 용적률 |
|---|---|---|---|---|
| 도시 지역 | 일반 주거 지역 | 제1종 | 60% 이하 | 100%~200% |
| | | 제2종 | | 150%~250% |
| | | 제3종 | 50% 이하 | 200%~300% |
| | 준주거지역 | | 70% 이하 | 200%~500% |
| | 상업 지역 | 중심상업지역 | 90% 이하 | 400%~1,500% |
| | | 일반상업지역 | 80% 이하 | 300%~1,300% |
| | | 근린상업지역 | 70% 이하 | 200%~900% |
| | | 유통상업지역 | 80% 이하 | 200%~1,100% |

※ 건폐율 = 건축면적 ÷ 대지면적 × 100
※ 용적률 = 지상층 연면적 ÷ 대지면적 × 100

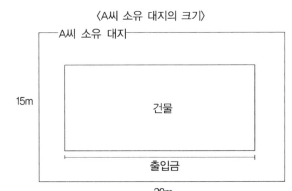

〈A씨 소유 대지의 크기〉

- A씨는 '출입문' 쪽 건물 면의 길이를 18m로 유지하고자 한다.
- A씨의 대지는 제2종 일반주거지역에 속하며, 대지 주변 도로의 폭은 규정된 너비를 확보한 상태라고 가정한다.

① 150㎡, 2층  ② 180㎡, 3층
③ 180㎡, 4층  ④ 150㎡, 5층
⑤ 180㎡, 6층

**35.** ㈜서원각에서 근무하는 김 대리는 제도 개선 연구를 위해 영국 런던에서 관계자와 미팅을 하려고 한다. 8월 10일 오전 10시 미팅에 참석할 수 있도록 해외출장 계획을 수립하려고 한다. 김 대리는 현지 공항에서 입국 수속을 하는데 1시간, 예약된 호텔까지 이동하여 체크인을 하는데 2시간, 호텔에서 출발하여 행사장까지 이동하는데 1시간 이내의 시간이 소요된다는 사실을 파악하였다. 또한 서울 시각이 오후 8시 45분일 때 런던 현지 시각을 알아보니 오후 12시 45분이었다. 비행운임 및 스케줄이 다음과 같을 때, 김 대리가 선택할 수 있는 가장 저렴한 항공편은 무엇인가?

| 항공편 | 출발시각 | 경유시간 | 총 비행시간 | 운임 |
|---|---|---|---|---|
| 0001 | 8월 9일 19 : 30 | 7시간 | 12시간 | 60만 원 |
| 0002 | 8월 9일 20 : 30 | 5시간 | 13시간 | 70만 원 |
| 0003 | 8월 9일 23 : 30 | 3시간 | 12시간 | 80만 원 |
| 0004 | 8월 10일 02 : 30 | 직항 | 11시간 | 100만 원 |
| 0005 | 8월 10일 05 : 30 | 직항 | 9시간 | 120만 원 |

① 0001  ② 0002
③ 0003  ④ 0004
⑤ 0005

**36.** 정수는 친구와 함께 서울에서 부산까지 여행을 가려고 한다. 다음 자료를 보고 보완적 평가방식을 활용하여 정수의 입장에서 종합평가점수가 가장 높아 구매대안이 될 수 있는 운송수단을 고르면?

| 평가기준 | 중요도 | 운송수단에 대한 평가 | | | | |
|---|---|---|---|---|---|---|
| | | KTX | 고속버스 | 승용차 | 자전거 | 비행기 |
| 속도 | 40 | 8 | 5 | 4 | 1 | 9 |
| 승차감 | 30 | 7 | 8 | 8 | 1 | 7 |
| 경제성 | 20 | 5 | 8 | 3 | 9 | 4 |
| 디자인 | 10 | 7 | 7 | 5 | 1 | 7 |

① KTX  ② 고속버스
③ 승용차  ④ 자전거
⑤ 비행기

## 37.

다음은 책꽂이 1개를 제작하기 위한 자재 소요량 계획이다. [주문]을 완료하기 위해 추가적으로 필요한 칸막이와 옆판의 개수로 옳은 것은?

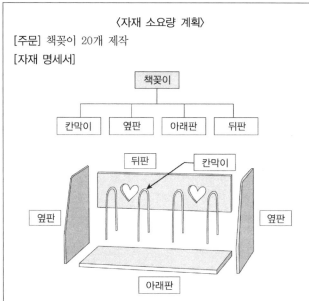

〈자재 소요량 계획〉

[주문] 책꽂이 20개 제작

[자재 명세서]

[재고 현황]

| 책꽂이 | 칸막이 | 옆판 | 아래판 | 뒤판 |
|---|---|---|---|---|
| 0개 | 40개 | 30개 | 20개 | 20개 |

[조건]
1. 책꽂이 1개를 만들기 위해서는 칸막이 4개, 옆판 2개, 아래판 1개, 뒤판 1개가 필요하다.
2. 책꽂이를 제작할 때 자재 명세서에 제시된 부품 이외의 기타 부품은 고려하지 않는다.

|   | 칸막이 | 옆판 |
|---|---|---|
| ① | 20 | 10 |
| ② | 20 | 20 |
| ③ | 40 | 10 |
| ④ | 40 | 20 |
| ⑤ | 40 | 40 |

## 38.

다음은 소정기업의 재고 관리 사례이다. 금요일까지 부품 재고 수량이 남지 않게 완성품을 만들 수 있도록 월요일에 주문할 A~C 부품 개수로 옳은 것은? (단, 주어진 조건 이외에는 고려하지 않는다)

○○ 기업 재고 관리 사례

[부품 재고 수량과 완성품 1개당 소요량]

| 부품명 | 부품 재고 수량 | 완성품 1개당 소요량 |
|---|---|---|
| A | 500 | 10 |
| B | 120 | 3 |
| C | 250 | 5 |

[완성품 납품 수량]

| 항목 \ 요일 | 월 | 화 | 수 | 목 | 금 |
|---|---|---|---|---|---|
| 완성품 납품 개수 | 없음 | 30 | 20 | 30 | 20 |

[조건]
1. 부품 주문은 월요일에 한 번 신청하며 화요일 작업 시작 전 입고된다.
2. 완성품은 부품 A, B, C를 모두 조립해야 한다.

|   | A | B | C |
|---|---|---|---|
| ① | 100 | 100 | 100 |
| ② | 100 | 180 | 200 |
| ③ | 500 | 100 | 100 |
| ④ | 500 | 150 | 200 |
| ⑤ | 500 | 180 | 250 |

## 39.

다음은 ○○기업의 인적 자원 관리 사례이다. 이에 대한 설명으로 옳은 것만을 모두 고른 것은?

• 직무 분석 결과에 따른 업무 조정 및 인사 배치
• 기업 부설 연수원에서 사원 역량 강화 교육 실시
• 건강 강좌 제공 및 전문 의료진과의 상담 서비스 지원

㉠ 법정 외 복리 후생 제도를 실시하고 있다.
㉡ 인적 자원 관리의 원칙 중 '단결의 원칙'을 적용하고 있다.
㉢ OJT(On the Job Training) 형태로 사원 교육을 진행하고 있다.

① ㉠　　　　　　② ㉡
③ ㉠, ㉢　　　　④ ㉡, ㉢
⑤ ㉠, ㉡, ㉢

**40.** 다음은 장식품 제작 공정을 나타낸 것이다. 이에 대한 설명으로 옳은 것만을 〈보기〉에서 있는 대로 고른 것은? (단, 주어진 조건 이외의 것은 고려하지 않는다)

〈조건〉
• A~E의 모든 공정 활동을 거쳐 제품이 생산되며, 제품 생산은 A 공정부터 시작된다.
• 각 공정은 공정 활동별 한 명의 작업자가 수행하며, 공정 간 부품의 이동 시간은 고려하지 않는다.

〈작업순서〉

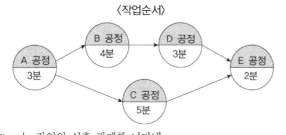

※ →는 작업의 선후 관계를 나타냄.

〈보기〉
ㄱ. 첫 번째 완제품은 생산 시작 12분 후에 완성된다.
ㄴ. 제품은 최초 생산 후 매 3분마다 한 개씩 생산될 수 있다.
ㄷ. C 공정의 소요 시간이 2분 지연되어도 첫 번째 완제품을 생산하는 총소요시간은 변화가 없다.

① ㄱ
② ㄴ
③ ㄱ, ㄷ
④ ㄴ, ㄷ
⑤ ㄱ, ㄴ, ㄷ

**41.** 60[Hz], 120[V] 정격인 단상 유도전동기의 출력은 3[HP]이고 효율은 90[%]이며, 역률은 80[%]일 때 역률을 100[%]로 개선하기 위한 병렬 콘덴서의 용량은 얼마이어야 하는가?

① 932[VA]
② 1,865[VA]
③ 2,797[VA]
④ 3,729[VA]
⑤ 4,661[VA]

**42.** 공기 중에 고립된 지름 1[m]의 반구 도체를 $10^6$[V]로 충전한 다음 이 에너지를 $10^{-5}$초 사이에 방전한 경우 평균 전력은 얼마인가?

① 695[kW]
② 1,390[kW]
③ 2,085[kW]
④ 2,780[kW]
⑤ 3,475[kW]

**43.** 단상 2선식(100[V]) 저압 배전선로를 단상 3선식(100[V]/200[V])으로 변경하고 부하의 크기 및 공급전압을 변경시키지 않고 부하를 평형시켰을 경우, 전선로의 전압강하율은 변경 전에 비하여 어떻게 변하는가?

① 불변한다.
② $\frac{1}{4}$로 된다.
③ $\frac{1}{3}$로 된다.
④ $\frac{1}{2}$로 된다.
⑤ 2배가 된다.

**44.** 30일간의 최대수용전력이 200[kW], 소비전력량이 72,000[kWh]일 때, 월 부하율은 얼마인가?

① 20[%]
② 30[%]
③ 40[%]
④ 50[%]
⑤ 60[%]

**45.** 전력 소비기기가 동시에 사용되는 정도를 나타내는 말은?

① 부하율
② 수용률
③ 부등률
④ 보상률
⑤ 부하밀도

**46.** 3상 3선식의 배전선로가 있다. 이것에 역률이 0.8인 3상 평형 부하 20[kW]를 걸었을 때 배전선로 등의 전압강하는 얼마인가? (단, 부하의 전압은 200[V], 전선 1조의 저항은 0.02[Ω]이고 리액턴스는 무시한다)

① 1[V]
② 2[V]
③ 3[V]
④ 4[V]
⑤ 5[V]

**47.** 다음 ( ) 안에 들어갈 말이 바르게 나열된 것은?

동일 배전선로에서 전압만을 3.3[kV]에서 22.9[kV]($= 3.3 \times \sqrt{3} \times 4$)로 승압할 경우 공급전력을 동일하게 하면 선로의 전력손실(률)은 승압 전의 ( ㉠ )배로 되고, 선로의 전력손실률을 동일하게 하면 공급전력은 승압 전의 ( ㉡ )배로 된다.

① ㉠ 4.8, ㉡ 48

② ㉠ 48, ㉡ 4.8

③ ㉠ $\frac{1}{48}$, ㉡ 4.8

④ ㉠ 4.8, ㉡ $\frac{1}{48}$

⑤ ㉠ $\frac{1}{48}$, ㉡ $\frac{1}{48}$

**48.** 어느 변전설비의 역률을 60[%]에서 80[%]로 개선한 결과 2,800[kVA]의 콘덴서가 필요하였다. 이 변전설비의 용량은 얼마인가?

① 2,800[kW]

② 3,200[kW]

③ 3,900[kW]

④ 4,200[kW]

⑤ 4,800[kW]

**49.** 송전선로를 연가하는 목적으로 옳은 것은?

① 페란티 효과 방지

② 직격뢰 방지

③ 유도뢰 방지

④ 작용정전용량 감소

⑤ 선로정수의 평형

**50.** 모선의 단락용량이 10,000[MVA]인 154[kV] 변전소에서 4[kV]의 전압변동폭을 주기에 필요한 조상설비의 용량은 얼마인가?

① 100[MVA]

② 160[MVA]

③ 200[MVA]

④ 260[MVA]

⑤ 300[MVA]

**51.** 다음 중 단락전류를 제한하기 위하여 사용되는 것은?

① 직렬 콘덴서

② 사이리스터

③ 한류 리액터

④ 현수애자

⑤ 소호 리액터

**52.** 다음 중 보호계전기의 반한시 특성에 대한 설명으로 옳은 것은?

① 동작전류가 커질수록 동작시간이 짧아진다.

② 동작전류의 크게 상관없이 동작시간이 일정하다.

③ 동작전류가 흐르는 순간에만 동작한다.

④ 동작전류가 커질수록 동작시간이 길어진다.

⑤ 동작전류가 작을수록 동작시간이 짧아진다.

**53.** 발전소의 출력 중 연간 355일 이상 발생할 수 있는 출력은?

① 최대출력

② 평균출력

③ 상시출력

④ 보급출력

⑤ 예비출력

**54.** 화력발전소에서 1[ton]의 석탄으로 발생시킬 수 있는 전력량은 얼마인가? (단, 석탄 1[kg]의 발열량은 5,000[kcal], 효율은 20[%]이다)

① 960[kWh]

② 1,000[kWh]

③ 1,163[kWh]

④ 1,236[kWh]

⑤ 1,326[kWh]

**55.** 몰드변압기의 특징에 대한 설명으로 옳지 않은 것은?

① 내약품성, 내수성, 내열성이 우수하다.

② 장기간 방치하면 습기 등 오손에 의해 절연성능이 저하된다.

③ 내열성 에폭시 수지를 몰드하여 난연성이다.

④ 무부하 손실 저감 및 저소음화 되어 있다.

⑤ 가스 발생이 없고, 반응 수축이 적다.

# 한국전력공사

## NCS 직무능력검사
## 모의고사(전기 분야)

| 제 3 회 | 영 역 | 의사소통능력, 수리능력, 문제해결능력, 자원관리능력, 기술능력 |
|---|---|---|
| | 문항수 | 55문항 |
| | 시 간 | 65분 |
| | 비 고 | 객관식 5지선다형 |

SEOWONGAK
(주)서원각

**1.** 다음 글이 어느 전체 글의 서론에 해당하는 내용일 때, 본론에서 다루어질 내용이라고 판단하기에 적절하지 않은 것은 어느 것인가?

지난 2017년 1월 20일 제 45대 미국 대통령으로 취임한 도널드 트럼프는 미국 내 석유·천연가스 생산을 증진하고 수출을 늘려 미국의 고용과 성장을 추구하며 이를 위해 각종 규제들을 완화하거나 폐지해야 한다는 주장을 해왔다. 이어 트럼프 행정부는 취임 직후부터 에너지 부문 규제를 전면 재검토하고 중단되었던 에너지 인프라 프로젝트를 추진하는 등 관련 조치들을 단행하였다. 화석에너지 자원을 중시하는 트럼프 행정부의 에너지 정책은 과거 오바마 행정부가 온실가스 감축과 신재생에너지 확산을 중시하면서 화석연료 소비는 절약 및 효율개선을 통해 줄이려했던 것과는 반대되는 모습이다.

셰일혁명에 힘입어 세계 에너지 시장과 산업에서 미국의 영향력은 점점 커지고 있어 미국의 정책 변화는 미국의 에너지산업이나 에너지수급 뿐만 아니라 세계 에너지 시장과 산업에 상당한 영향을 미칠 수 있다. 물론 미국의 행정부 교체에 따른 에너지정책 변화가 미국과 세계의 에너지 부문에 급격히 많은 변화를 야기할 것이라는 전망은 다소 과장된 것일 수 있다. 미국의 에너지정책은 상당부분 주정부의 역할이 오히려 더 중요한 역할을 하고 있기도 하고 미국의 에너지시장은 정책 요인보다는 시장논리에 따라서 움직이는 요소가 크다는 점에서 연방정부의 정책 변화의 영향은 제한적일 것이라는 분석도 일리가 있다. 또한 기후변화 대응을 위한 온실가스 감축노력과 저탄소에너지 사용 확대 노력은 이미 세계적으로 대세를 형성하고 있어 이러한 흐름을 미국이 역행하는 것은 한계가 있다는 견해도 많다.

어쨌든 트럼프 행정부가 이미 출범했고 화석연료 중심의 에너지정책과 규제 완화 등 공약사항들을 상당히 빠르게 추진하고 있어 이에 따른 미국 및 세계 에너지 수급과 에너지시장에의 영향을 조기에 전망하고 우리나라의 에너지수급과 관련된 사안이 있다면 이에 대한 적절한 대응을 위한 시사점을 찾아낼 필요가 있으며 트럼프 행정부 초기에 이러한 작업을 하는 것은 매우 시의적절하다 하겠다.

① 트럼프 행정부의 에너지 정책 추진 동향에 대한 분석
② 세계 에너지부문에의 영향을 파악하여 우리나라의 대응방안 모색
③ 미국의 화석에너지 생산 및 소비 현황과 국제적 비중 파악
④ 중국, EU 등 국제사회와의 무역 갈등에 대한 원인과 영향 분석
⑤ 기후변화에 따른 국제사회와의 협약 이행 여부 및 기후변화에 대한 인식 파악

**2.** 다음은 발전소에서 만들어진 전기가 가정으로 공급되기까지의 과정을 요약하여 설명한 글이다. 다음을 참고하여 도식화한 〈전기 공급 과정〉의 빈 칸 (A)～(D)에 들어갈 말이 순서대로 바르게 나열된 것은?

발전소에서 만들어지는 전기는 크게 화력과 원자력이 있다. 수력, 풍력, 태양열, 조력, 태양광 등 여러 가지 방법이 있지만 현재 우리나라에서 발전되는 대부분의 전기는 화력과 원자력에 의존한다. 발전회사에서 만들어진 전기는 변압기를 통하여 승압을 하게 된다. 승압을 거치는 것은 송전상의 이유 때문이다.

전력은 전압과 전류의 곱과 같게 되므로 동일 전력에서 승압을 하면 전류가 줄어들게 되고, 전류가 작을수록 선로에서 발생하는 손실은 적어지게 된다. 하지만 너무 높게 승압을 할 경우 고주파가 발생하기 때문에 전파 장애 혹은 선로와 지상 간의 대기가 절연파괴를 일으킬 수도 있으므로 적정 수준까지 승압을 하게 된다. 이것이 345KV, 765KV 정도가 된다.

이렇게 승압된 전기는 송전 철탑을 거쳐서 송전을 하게 된다. 송전되는 중간에도 연가(선로의 위치를 서로 바꾸어 주는) 등 여러 작업을 거친 전기는 변전소로 들어가게 된다. 변전소에서는 배전 과정을 거치게 되며, 이 과정에서 전압을 다시 22.9KV로 강하시키게 된다. 강하된 전기는 변압기를 통하여 가정으로 나누어지기 위해 최종 변압인 220V로 다시 바뀌게 된다.

대단위 아파트나 공장 등에서는 22.9KV의 전기가 주상변압기를 거치지 않고 바로 들어가는 경우도 있으며, 이 경우 자체적으로 변압기를 사용해서 변압을 하여 사용하기도 한다.

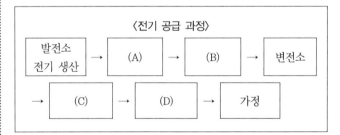

〈전기 공급 과정〉

발전소 전기 생산 → (A) → (B) → 변전소 → (C) → (D) → 가정

① 승압, 배전, 송전, 변압
② 변압, 배전, 송전, 강압
③ 승압, 송전, 배전, 변압
④ 송전, 배전, 강압, 변압
⑤ 승압, 송전, 변압, 배전

**3.** ○○정유회사에 근무하는 N씨는 상사로부터 다음과 같은 지시를 받았다. 다음 중 N씨가 표를 구성할 방식으로 가장 적절한 것은?

> 상사 : 이 자료를 간단하게 표로 작성해 줘. 다른 부분은 필요 없고, 어제 원유의 종류에 따라 전일 대비 각각 얼마씩 오르고 내렸는지 그 내용만 있으면 돼. 우리나라는 전국 단위만 표시하도록 하고. 한눈에 자료의 내용이 들어올 수 있도록, 알겠지?

### 자료

주요 국제유가는 중국의 경제성장률이 시장 전망치와 큰 차이를 보이지 않으면서 사흘째 올랐다. 우리나라 유가는 하락세를 지속했으나, 다음 주에는 상승세로 전환될 전망이다.

한국석유공사는 오늘(14일) 석유정보망(http://www.petronet.co.kr/)을 통해 13일 미국 뉴욕상업거래소에서 8월 인도분 서부텍사스산 원유(WTI)는 배럴당 87.10달러로 전날보다 1.02달러 오르면서 장을 마쳤다며 이같이 밝혔다. 또한 영국 런던 ICE선물시장에서 북해산 브렌트유도 배럴당 102.80달러로 전날보다 1.73달러 상승세로 장을 마감했다.

이는 중국의 지난 2·4분기 국내총생산(GDP)이 작년 동기 대비 7.6% 성장, 전분기(8.1%)보다 낮아졌으며 시장 전망을 벗어나지 않으면서 유가 상승세를 이끌었다고 공사 측은 분석했다. 이로 인해 중국 정부가 추가 경기 부양에 나설 것이라는 전망도 유가 상승에 힘을 보탰다.

13일 전국 주유소의 리터($\ell$)당 평균 휘발유가격은 1천892.14원, 경유가격은 1천718.72원으로 전날보다 각각 0.20원, 0.28원 떨어졌다. 이를 지역별로 보면 휘발유가격은 현재 전날보다 소폭 오른 경기·광주·대구를 제외하고 서울(1천970.78원, 0.02원↓) 등 나머지 지역에서는 인하됐다.

한편, 공사는 내주(15일~21일) 전국 평균 휘발유가격을 1천897원, 경유가격을 1천724원으로 예고, 이번 주 평균가격보다 각각 3원, 5원 오를 전망이다.

① 

| 원유 종류 | 13일 가격 | 전일 대비 |
| --- | --- | --- |
| WTI | 87.10 (달러/배럴) | ▲ 1.02 |
| 북해산 브렌트유 | 102.80 (달러/배럴) | ▲ 1.73 |
| 전국 휘발유 | 1892.14 (원/리터) | ▼ 0.20 |
| 전국 경유 | 1718.72 (원/리터) | ▼ 0.28 |

② 

| 원유 종류 | 13일 가격 | 자료출처 |
| --- | --- | --- |
| WTI | 87.10 (달러/배럴) | 석유정보망 (http://www.petronet.co.kr/) |
| 북해산 브렌트유 | 102.80 (달러/배럴) | |
| 전국 휘발유 | 1892.14 (원/리터) | |
| 전국 경유 | 1718.72 (원/리터) | |

③ 

| 원유 종류 | 13일 가격 | 등락 폭 |
| --- | --- | --- |
| 전국 휘발유 | 1892.14 (원/리터) | 0.20 하락 |
| 서울 휘발유 | 1970.78 (원/리터) | 0.02 하락 |
| 경기·광주·대구 휘발유 | 1718.12 (원/리터) | 0.28 상승 |

④ 

| 원유 종류 | 내주 예상 가격 | 금주 대비 | 자료출처 |
| --- | --- | --- | --- |
| 전국 휘발유 | 1897 (원/리터) | ▲ 3.0 | 한국석유공사 |
| 전국 경유 | 1724 (원/리터) | ▲ 5.0 | |

⑤ 

| 원유 종류 | 내주 예상 가격 | 금주 대비 |
| --- | --- | --- |
| 전국 휘발유 | 1897 (원/리터) | ▲ 3.0 |
| 전국 경유 | 1724 (원/리터) | ▲ 5.0 |
| 서울 휘발유 | 1970.78 (원/리터) | ▼ 0.02 |
| 경기·광주·대구 휘발유 | 1718.12 (원/리터) | ▲ 0.28 |

**4.** 다음 밑줄 친 단어의 의미와 동일하게 쓰인 것을 고르시오.

> 농림축산식품부를 비롯한 농정 유관기관들이 제7호 태풍 '쁘라삐룬'과 집중호우 피해 최소화에 총력을 모으고 나섰다.
> 농식품부는 2일 오전 10시 농식품부 소관 실국과 농촌진흥청, 농어촌공사, 농협중앙회 등 유관기관이 참여하는 '태풍 쁘라삐룬 2차 대책회의'를 <u>열고</u> 집중호우에 따른 농업분야 피해 및 대책 추진상황을 긴급 점검했다.
> 농식품부가 지자체 등의 보고를 토대로 집계한 농업분야 피해는 이날 오전 6시 현재 농작물 4258ha, 저수지 1개소 제방 유실, 용수간선 4개소 유실·매몰 피해가 발생했다.

① 안전기의 스위치를 <u>열고</u> 퓨즈가 끊어진 것을 확인한다.
② 아직 교육의 혜택을 제대로 받지 못한 오지에 학교를 <u>열었다</u>.
③ 정상회담에 앞서서 준비회담을 <u>열었으나</u> 그 회담 내용은 알려지지 않았다.
④ 사람들이 토지에 정착하여 살 수 있게 됨으로써 인류 역사에 농경 시대를 <u>열게</u> 되었다.
⑤ 모든 사람에게 마음을 <u>열고</u> 살기 위해서는 무엇보다도 타인에 대한 사랑과 이해가 우선되어야 한다.

**5.** 다음 글을 통해서 내릴 수 있는 결론으로 가장 타당하지 않은 것은?

> 신혼부부 가구의 주거안정을 위해서는 우선적으로 육아·보육지원 정책의 확대·강화가 필요한 것으로 나타났다. 신혼부부 가구는 주택마련 지원정책보다 육아수당, 육아보조금, 탁아시설 확충과 같은 육아·보육지원 정책의 확대·강화가 더 필요하다고 생각하고 있으며 특히, 믿고 안심할 수 있는 육아·탁아시설 확대가 필요한 것으로 나타났다. 이는 최근 부각된 보육기관 아동학대 문제 등 사회적 분위기에 영향을 받은 것으로 사료되며, 또한 맞벌이 가구의 경우는 자녀의 안정적인 보육환경이 전제되어야만 안심하고 경제활동을 할 수 있기 때문으로 사료된다.
>
> 신혼부부가구 중 아내의 경제활동 비율은 평균 38.3%이며, 맞벌이 비율은 평균 37.2%로 나타났다. 일반적으로 자녀 출산 시기로 볼 수 있는 혼인 3년차 부부에서 아내의 경제활동 비율이 30% 수준까지 낮아지는 경향을 보이고 있는데, 이는 자녀의 육아환경 때문으로 판단된다. 또한, 외벌이 가구의 81.5%가 자녀의 육아·보육을 위해 맞벌이를 하지 않는 것으로 나타났는데, 이 역시 결혼 여성의 경제활동 지원을 위해서는 무엇보다 육아를 위한 보육시설 확대가 필요하다는 것을 시사한다. 맞벌이의 주된 목적이 주택비용 마련임을 고려할 때, 보육시설의 확대는 결혼 여성에게 경제활동 기회를 제공하여 신혼부부 가구의 경제력을 높이게 되고, 내 집 마련 시기를 앞당기는 기회를 제공할 수 있다는 점에서 중요성을 갖는다.
>
> 특히, 신혼부부 가구가 계획하고 있는 총 자녀의 수가 1.83명이나 자녀양육의 환경문제 등으로 추가적인 자녀계획을 포기하는 경우가 있을 수 있으므로 실제 이보다 낮은 자녀수를 나타낼 것으로 예상된다. 따라서 인구증가를 위한 출산장려를 위해서도 결혼 여성의 경제활동을 지원하기 위한 현재의 육아·보육지원 정책보다 강화된 국가적 차원의 배려와 관심이 필요하다고 할 수 있다.

① 육아·보육지원은 신혼부부의 주거안정을 위한 정책이다.
② 신혼부부들은 육아수당, 육아보조금 등이 주택마련 지원보다 더 필요하다고 생각한다.
③ 자녀의 보육환경이 개선되면 맞벌이 비율이 상승한다.
④ 여성에게 경제적 지원을 늘리게 되면 인구감소를 막을 수 있다.
⑤ 보육환경의 개선은 신혼부부가 내 집 마련을 보다 이른 시기에 할 수 있게 해 준다.

**6.** 다음 글의 내용을 사실과 의견으로 구분할 때, 사실인 것은?

> ㉠ 우리 지역 축제에 유명 연예인을 초청해야 한다고 생각합니다. ㉡ 그 이유는 지역 주민의 축제 참여율을 높일 필요가 있기 때문입니다. ㉢ 지난 3년간 축제 참여 현황을 보면 지역 주민의 참여율이 전체 주민의 10% 미만으로 매우 저조하고, 이마저도 계속 낮아지는 추세입니다. ㉣ 우리 지역에서는 연예인을 직접 볼 기회가 많지 않으므로 유명 연예인을 초청하면 지역 주민들이 축제에 더 많은 관심을 보일 것입니다. ㉤ 따라서 유명 연예인을 초청하여 지역 주민의 축제 참여를 유도할 필요가 있습니다.

① ㉠
② ㉡
③ ㉢
④ ㉣
⑤ ㉤

**7.** 다음 표준 임대차 계약서의 일부를 보고 추론할 수 없는 내용은 어느 것인가?

> **[임대차계약서 계약조항]**
> 제1조[보증금] 을(乙)은 상기 표시 부동산의 임대차보증금 및 차임(월세)을 다음과 같이 지불하기로 한다.
> • 보증금 : 금○○원으로 한다.
> • 계약금 : 금○○원은 계약 시에 지불한다.
> • 중도금 : 금○○원은 2017년 ○월 ○일에 지불한다.
> • 잔 금 : 금○○원은 건물명도와 동시에 지불한다.
> • 차임(월세) : 금○○원은 매월 말일에 지불한다.
> 제4조[구조변경, 전대 등의 제한] 을(乙)은 갑(甲)의 동의 없이 상기 표시 부동산의 용도나 구조 등의 변경, 전대, 양도, 담보제공 등 임대차 목적 외에 사용할 수 없다.
> 제5조[계약의 해제] 을(乙)이 갑(甲)에게 중도금(중도금 약정이 없는 경우에는 잔금)을 지불하기 전까지는 본 계약을 해제할 수 있는 바, 갑(甲)이 해약할 경우에는 계약금의 2배액을 상환하며 을(乙)이 해약할 경우에는 계약금을 포기하는 것으로 한다.
> 제6조[원상회복의무] 을(乙)은 존속기간의 만료, 합의 해지 및 기타 해지사유가 발생하면 즉시 원상회복하여야 한다.

① 중도금 약정 없이 계약이 진행될 수도 있다.
② 부동산의 용도를 변경하려면 갑(甲)의 동의가 필요하다.
③ 을(乙)은 계약금, 중도금, 보증금의 순서대로 임대보증금을 지불해야 한다.
④ 중도금 혹은 잔금을 지불하기 전까지만 계약을 해제할 수 있다.
⑤ 원상회복에 대한 의무는 을(乙)에게만 생길 수 있다.

**8.** 다음은 가족제도의 붕괴, 비혼, 저출산 등 사회적인 이슈에 대해 자유롭게 의견을 나누는 자리에서 직원들 간에 나눈 대화의 일부분이다. 이를 바탕으로 옳게 추론한 것을 모두 고르면?

남1 : 가족은 혼인제도에 의해 성립된 집단으로 두 명의 성인 남녀와 그들이 출산한 자녀 또는 입양한 자녀로 이루어져야만 해. 이러한 가족은 공동의 거주, 생식 및 경제적 협력이라는 특성을 갖고 있어.

여1 : 가족은 둘 이상의 사람들이 함께 거주하면서 지속적인 관계를 유지하는 집단을 말해. 이들은 친밀감과 자원을 서로 나누고 공동의 의사결정을 하며 가치관을 공유하는 등의 특성이 있지.

남2 : 핵가족은 전통적인 성역할에 기초하여 아동양육, 사회화, 노동력 재생산 등의 기능을 가장 이상적으로 수행할 수 있는 가족 구조야. 그런데 최근 우리사회에서 발생하는 출산율 저하, 이혼율 증가, 여성의 경제활동 참여율 증가 등은 전통적인 가족 기능의 위기를 가져오는 아주 심각한 사회문제야. 그래서 핵가족 구조와 기능을 유지할 수 있는 정책이 필요해.

여2 : 전통적인 가족 개념은 가부장적 위계질서를 가지고 있었어. 하지만 최근에는 민주적인 가족관계를 형성하고자 하는 의지가 가족 구조를 변화시키고 있지. 게다가 여성의 자아실현 욕구가 증대하고 사회 · 경제적 구조의 변화에 따라 남성 혼자서 가족을 부양하기 어려운 것이 현실이야. 그래서 한 가정 내에서 남성과 여성이 모두 경제활동에 참여할 수 있도록 지원하는 국가의 정책이 필요하다고 생각해.

ⓐ 남1에 의하면 민족과 국적이 서로 다른 두 남녀가 결혼하여 자녀를 입양한 가정은 가족으로 인정하기 어렵다.

ⓑ 여1과 남2는 동성(同性) 간의 결합을 가족으로 인정하고 지지할 것이다.

ⓒ 남2는 아동보육시설의 확대정책보다는 아동을 돌보는 어머니에게 매월 일정액을 지급하는 아동수당 정책을 더 선호할 것이다.

ⓓ 여2는 무급의 육아휴직 확대정책보다는 육아도우미의 가정 파견을 전액 지원하는 국가정책을 더 선호할 것이다.

① ㉠, ㉢
② ㉡, ㉣
③ ㉢, ㉣
④ ㉠, ㉡, ㉢
⑤ ㉠, ㉡, ㉢, ㉣

**9.** 다음 중 밑줄 친 부분과 같은 의미로 쓰인 것은?

"자숙 말고 자수하라" 이는 공연 · 연극 · 문화 · 예술계 전반에 퍼진 미투(#MeToo) 운동을 지지하는 위드유(with you) 집회에서 울려 퍼진 구호이다. 성범죄 피해자에 대한 제대로 된 사과와 진실규명을 바라는 목소리라고 할 수 있다. 그동안 전 ○○거리패 연출가를 시작으로 유명한 중견 남성 배우들의 성추행 폭로가 줄을 이었는데, 폭로에 의해 밝혀지는 것보다 스스로 밝히는 것이 나을 것이라 판단한 것인지 자진신고자도 나타났다. 연극계에 오랫동안 몸담고서 영화와 드라마에서도 인상 깊은 연기를 펼쳤던 한 남성 배우는 과거 성추행 사실을 털어놓으며 공식 사과했다.

① 그는 공부 말고도 운동, 바둑, 컴퓨터 등 모든 면에서 너보다 낫다.
② 뜨거운 숭늉에 밥을 말고 한 술 뜨기 시작했다.
③ 그는 땅바닥에 털썩 주저앉아 종이에 담배를 말고 피우기 시작했다.
④ 유치한 소리 말고 가만있으라는 말에 입을 다물었다.
⑤ 거짓말 말고 사실대로 대답하라.

**10.** 다음의 사례는 FABE 화법을 활용한 대화 내용이다. 이를 읽고 밑줄 친 부분에 대한 내용으로 가장 옳은 것으로 추정되는 항목을 고르면?

〈개인 보험가입에 있어서의 재무 설계 시 이점〉

상담원 : 저희 보험사의 재무 설계는 고객님의 자산 흐름을 상당히 효과적으로 만들어 줍니다.

상담원 : 그로 인해 고객님께서는 언제든지 원하는 때에 원하는 일을 이룰 수 있습니다.

상담원 : 그 중에서도 가장 소득이 적고 많은 비용이 들어가는 은퇴시기에 고객님은 편안하게 여행을 즐기시고, 또한 언제든지 친구들을 부담 없이 만나 행복한 시간을 보낼 수 있습니다.

상담원 : 저희 보험사에서 재무 설계는 우선 예산을 조정해 드리고 있으며, 선택과 집중을 통해 고객님의 생애에 있어 가장 중요한 부분들을 먼저 준비할 수 있도록 도와드리기 때문입니다.

① 해당 이익이 고객에게 반영될 시에 발생 가능한 상황을 공감시키는 과정이라고 할 수 있다.
② 해당 상품 및 서비스의 설명이 완료되어 마무리하는 부분이라 할 수 있다.
③ 제시하는 상품의 특징을 언급하는 부분이라 할 수 있다.
④ 이득이 발생할 수 있음을 예시하는 것이라 할 수 있다.
⑤ 이익이 발생하는 근거를 설명하는 부분이다.

**11.** 어느 달의 달력에서 그림과 같이 색칠된 사각형 모양으로 4개의 날짜를 선택하려고 한다. 이 달에서 선택한 4개의 날짜의 합이 88이 될 때, 4개의 날짜 중 가장 마지막 날짜는?

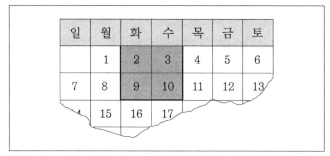

| 일 | 월 | 화 | 수 | 목 | 금 | 토 |
|---|---|---|---|---|---|---|
|  |  | 1 | 2 | 3 | 4 | 5 | 6 |
| 7 | 8 | 9 | 10 | 11 | 12 | 13 |
|  | 15 | 16 | 17 |  |  |  |

① 19일                    ② 24일

③ 26일                    ④ 29일

⑤ 30일

**12.** 다음은 김 대리의 9월 인터넷 쇼핑 구매내역이다. 이에 대한 설명으로 옳은 것은? (단, 소수 둘째자리에서 반올림한다)

〈10월 인터넷 쇼핑 구매내역〉

(단위 : 원, 포인트)

| 상품 | 주문금액 | 할인금액 | 결제금액 |
|---|---|---|---|
| 캠핑용품세트 | 45,400 | 즉시할인 4,540<br>쿠폰할인 4,860 | 신용카드 32,700<br>+포인트 3,300<br>= 36,000 |
| 가을스웨터 | 57,200 | 즉시할인 600<br>쿠폰할인 7,970 | 신용카드 48,370<br>+포인트 260<br>= 48,630 |
| 샴푸 | 38,800 | 즉시할인 0<br>쿠폰할인 ( ) | 신용카드 34,300<br>+포인트 1,500<br>= 35,800 |
| 에코백 | 9,200 | 즉시할인 1,840<br>쿠폰할인 0 | 신용카드 7,290<br>+포인트 70<br>= 7,360 |
| 전체 | 150,600 | 22,810 | 127,790 |

1) 결제금액(원) = 주문금액 − 할인금액

2) 할인율(%) = $\dfrac{할인금액}{주문금액} \times 100$할인금액

3) 1포인트는 결제금액 1원에 해당

① 전체 할인율은 15% 미만이다.

② 할인율이 가장 높은 상품은 '에코백'이다.

③ 주문금액 대비 신용카드 결제금액 비율이 가장 낮은 상품은 '캠핑용품세트'이다.

④ 10월 전체 주문금액의 3%가 11월 포인트로 적립된다면, 10월 구매로 적립된 11월 포인트는 10월 동안 사용한 포인트보다 크다.

⑤ 결제금액 중 포인트로 결제한 금액이 차지하는 비율이 두 번째로 낮은 상품은 '가을스웨터'이다.

**13.** 다음은 직원들의 인사이동에 따른 4개의 지점별 직원 이동 현황을 나타낸 자료이다. 다음 자료를 참고할 때, 빈칸 Ⓐ, Ⓑ에 들어갈 수치로 알맞은 것은 어느 것인가?

〈인사이동에 따른 지점별 직원 이동 현황〉

(단위 : 명)

| 이동 전 \ 이동 후 | A | B | C | D |
|---|---|---|---|---|
| A | – | 32 | 44 | 28 |
| B | 16 | – | 34 | 23 |
| C | 22 | 18 | – | 32 |
| D | 31 | 22 | 17 | – |

〈지점별 직원 현황〉

(단위 : 명)

| 지점 \ 시기 | 인사이동 전 | 인사이동 후 |
|---|---|---|
| A | 425 | ( Ⓐ ) |
| B | 390 | 389 |
| C | 328 | 351 |
| D | 375 | ( Ⓑ ) |

① 380, 398                    ② 390, 388

③ 400, 398                    ④ 410, 408

⑤ 420, 418

사무실 2개를 임대하여 사용하던 M씨가 2개의 사무실을 모두 이전하고자 한다. 다음과 같은 조건을 참고할 때, M씨가 주인과 주고받아야 할 금액에 대한 설명으로 옳은 것은? (소수점 이하는 반올림하여 원 단위로 계산함)

- 큰 사무실 임대료 : 54만 원
- 작은 사무실 임대료 : 35만 원
- 오늘까지의 이번 달 사무실 사용일 : 10일
- ☞ 임대료는 부가세(별도)와 함께 입주 전 선불 계산한다.
- ☞ 임대료는 월 단위이며 항상 30일로 계산한다.(단, 임대기간을 채우지 않고 나갈 경우, 사용하지 않은 기간만큼 일할 계산하여 환급한다)
- ☞ 보증금은 부가세 포함하지 않은 1개월 치 임대료이다.

① 주고받을 금액이 정확히 상계 처리된다.

② 사무실 주인으로부터 979,000원을 돌려받는다.

③ 사무실 주인에게 326,333원을 지불한다.

④ 사무실 주인에게 652,667원을 지불한다.

⑤ 사무실 주인으로부터 1,542,667원을 돌려받는다.

15. 김정은과 시진핑은 양국의 우정을 돈독히 하기 위해 함께 서울에 방문하여 용산역에서 목포역까지 열차를 활용한 우정 휴가를 계획하고 있다. 아래의 표는 인터넷 사용법에 능숙한 김정은과 시진핑이 서울—목포 간 열차종류 및 이에 해당하는 요소들을 배치해 알아보기 쉽게 도표화한 것이다. 아래의 표를 참조하여 이 둘이 선택할 수 있는 대안(열차종류)을 보완적 방식을 통해 고르면 어떠한 열차를 선택하게 되겠는가? (단, 각 대안에 대한 최종결과 값 수치에 대한 반올림은 없는 것으로 한다.)

| 평가 기준 | 중요도 | 열차 종류 | | | | |
|---|---|---|---|---|---|---|
| | | KTX 산천 | ITX 새마을 | 무궁화호 | ITX 청춘 | 누리로 |
| 경제성 | 60 | 3 | 5 | 4 | 6 | 6 |
| 디자인 | 40 | 9 | 7 | 2 | 4 | 5 |
| 서비스 | 20 | 8 | 4 | 3 | 4 | 4 |

① ITX 새마을

② ITX 청춘

③ 무궁화호

④ 누리로

⑤ KTX 산천

16. 제시된 자료는 ○○병원 직원의 병원비 지원에 대한 내용이다. 다음 중 A~D 직원 4명의 총 병원비 지원 금액은 얼마인가?

| 병원비 지원 기준 |
|---|
| ■ 임직원 본인의 수술비 및 입원비 : 100% 지원 |
| ■ 임직원 가족의 수술비 및 입원비 |
| • 임직원의 배우자 : 90% 지원 |
| • 임직원의 직계 존·비속 : 80% |
| • 임직원의 형제 및 자매 : 50%(단, 직계 존·비속 지원이 우선되며, 해당 신청이 없을 경우에 한하여 지급한다.) |
| • 병원비 지원 신청은 본인 포함 최대 3인에 한한다. |

| 병원비 신청 내역 | |
|---|---|
| A 직원 | 본인 수술비 300만 원, 배우자 입원비 50만 원 |
| B 직원 | 배우자 입원비 50만 원, 딸 수술비 200만 원 |
| C 직원 | 본인 수술비 300만 원, 아들 수술비 400만 원 |
| D 직원 | 본인 입원비 100만 원, 어머니 수술비 100만 원, 남동생 입원비 50만 원 |

① 1,200만 원  ② 1,250만 원

③ 1,300만 원  ④ 1,350만 원

⑤ 1,400만 원

17. 바른 항공사는 서울—상해 직항 노선에 50명이 초과로 예약 승객이 발생하였다. 승객 모두는 비록 다른 도시를 경유해서라도 상해에 오늘 도착하기를 바라고 있다. 아래의 그림이 경유 항공편의 여유 좌석 수를 표시한 항공로일 때, 타 도시를 경유하여 상해로 갈 수 있는 최대의 승객 수는 구하면?

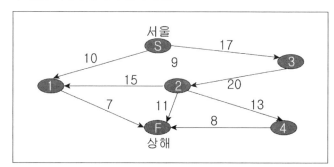

① 24  ② 29

③ 30  ④ 33

⑤ 37

**18.** 다음은 국민연금 보험료를 산정하기 위한 소득월액 산정 방법에 대한 설명이다. 다음 설명을 참고할 때, 김갑동 씨의 신고 소득월액은 얼마인가?

소득월액은 입사(복직) 시점에 따른 근로자간 신고 소득월액 차등이 발생하지 않도록 입사(복직) 당시 약정되어 있는 급여 항목에 대한 1년치 소득총액에 대하여 30일로 환산하여 결정하며, 다음과 같은 계산 방식을 적용한다.
- 소득월액 = 입사(복직) 당시 지급이 약정된 각 급여 항목에 대한 1년간 소득총액 ÷ 365 × 30

〈김갑동 씨의 급여 내역〉
- 기본급 : 1,000,000원
- 교통비 : 월 100,000원
- 고정 시간외 수당 : 월 200,000원
- 분기별 상여금 : 기본급의 100%(1, 4, 7, 10월 지급)
- 하계휴가비(매년 7월 지급) : 500,000원

① 1,645,660원
② 1,652,055원
③ 1,668,900원
④ 1,727,050원
⑤ 1,740,000원

**19.** 다음의 도표를 보고 분석한 내용으로 가장 옳지 않은 것을 고르면?

• 차종별 주행거리

| 구분 | 2016년 | | 2017년 | | 증감률 (%) |
|---|---|---|---|---|---|
| | 주행거리 (천대·km) | 구성비 (%) | 주행거리 (천대·km) | 구성비 (%) | |
| 승용차 | 328,812 | 72.2 | 338,753 | 71.3 | 3.0 |
| 버스 | 12,407 | 2.7 | 12,264 | 2.6 | -1.2 |
| 화물차 | 114,596 | 25.1 | 123,657 | 26.1 | 7.9 |
| 계 | 455,815 | 100.0 | 474,674 | 100.0 | 4.1 |

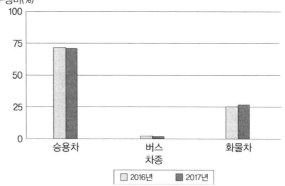

• 차종별 평균 일교통량

| 구분 | 2016년 | | 2017년 | | 증감률 (%) |
|---|---|---|---|---|---|
| | 교통량 (대/일) | 구성비 (%) | 교통량 (대/일) | 구성비 (%) | |
| 승용차 | 10,476 | 72.2 | 10,648 | 71.3 | 1.6 |
| 버스 | 395 | 2.7 | 386 | 2.6 | -2.3 |
| 화물차 | 3,652 | 25.1 | 3,887 | 26.1 | 6.4 |
| 계 | 14,525 | 100.0 | 14,921 | 100.0 | 2.7 |

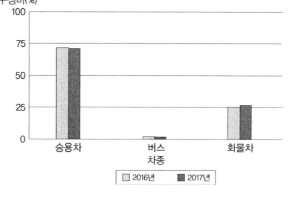

① 차종별 평균 일교통량에서 버스는 2016년에 비해 2017년에 와서는 -2.3 정도 감소하였음을 알 수 있다.

② 차종별 주행거리에서 화물차는 2016년에 비해 2017년에 7.9% 정도 감소하였음을 알 수 있다.

③ 차종별 평균 일교통량에서 화물차는 2016년에 비해 2017년에는 6.4% 정도 증가하였음을 알 수 있다.

④ 차종별 주행거리에서 버스의 주행거리는 2016년에 비해 2017년에는 -1.2% 정도 감소하였다.

⑤ 차종별 평균 일교통량에서 2016년의 총교통량(승용차, 버스, 화물차)은 2017년에 들어와 총교통량(승용차, 버스, 화물차)이 2.7% 정도 증가하였다.

**20.** 다음 그림은 교통량 흐름에 관한 내용의 일부를 발췌한 것이다. 이에 대한 분석결과로써 가장 옳지 않은 항목을 고르면? (단, 교통수단은 승용차, 버스, 화물차로 한정한다.)

• 고속국도

| 구분 | 주행거리 (천대 · km) | 구성비 (%) |
|---|---|---|
| 승용차 | 153,946 | 68.5 |
| 버스 | 6,675 | 3.0 |
| 화물차 | 63,934 | 28.5 |
| 계 | 224,555 | 100.0 |

• 일반국도

| 구분 | 주행거리 (천대 · km) | 구성비 (%) |
|---|---|---|
| 승용차 | 123,341 | 75.7 |
| 버스 | 3,202 | 2.0 |
| 화물차 | 36,239 | 22.3 |
| 계 | 162,782 | 100.0 |

• 지방도 계

| 구분 | 주행거리 (천대 · km) | 구성비 (%) |
|---|---|---|
| 승용차 | 61,466 | 70.4 |
| 버스 | 2,387 | 2.7 |
| 화물차 | 23,484 | 26.9 |
| 계 | 87,337 | 100.0 |

• 국가지원지방도

| 구분 | 주행거리 (천대 · km) | 구성비 (%) |
|---|---|---|
| 승용차 | 18,164 | 70.1 |
| 버스 | 684 | 2.6 |
| 화물차 | 7,064 | 27.3 |
| 계 | 25,912 | 100.0 |

• 지방도

| 구분 | 주행거리 (천대 · km) | 구성비 (%) |
|---|---|---|
| 승용차 | 43,302 | 70.5 |
| 버스 | 1,703 | 2.8 |
| 화물차 | 16,420 | 26.7 |
| 계 | 61,425 | 100.0 |

① 고속국도에서 승용차는 주행거리 및 구성비 등이 다 교통수단에 비해 압도적으로 높음을 알 수 있다.

② 일반국도의 경우 주행거리는 버스가 3,202km로 가장 낮다.

③ 지방도로의 주행거리에서 보면 가장 높은 수단과 가장 낮은 수단과의 주행거리 차이는 47,752km이다.

④ 국가지원지방도로에서 구성비가 가장 높은 수단과 가장 낮은 수단과의 차이는 67.5%p이다.

⑤ 지방도로에서 버스의 경우 타 교통수단에 비해 주행거리가 가장 낮다.

**21.** ○○기업 직원인 A는 2018년 1월 1일 거래처 직원인 B와 전화통화를 하면서 ○○기업 소유 X물건을 1억 원에 매도하겠다는 청약을 하고, 그 승낙 여부를 2018년 1월 15일까지 통지해 달라고 하였다. 다음 날 A는 "2018년 1월 1일에 했던 청약을 철회합니다."라고 B와 전화통화를 하였는데, 같은 해 1월 12일 B는 "X물건에 대한 A의 청약을 승낙합니다."라는 내용의 서신을 발송하여 같은 해 1월 14일 A에게 도달하였다. 다음 법 규정을 근거로 판단할 때, 옳은 것은?

---

제○○조
① 청약은 상대방에게 도달한 때에 효력이 발생한다.
② 청약은 철회될 수 없는 것이더라도, 철회의 의사표시가 청약의 도달 전 또는 그와 동시에 상대방에게 도달하는 경우에는 철회될 수 있다.

제○○조 청약은 계약이 체결되기까지는 철회될 수 있지만, 상대방이 승낙의 통지를 발송하기 전에 철회의 의사표시가 상대방에게 도달되어야 한다. 다만 승낙기간의 지정 또는 그 밖의 방법으로 청약이 철회될 수 없음이 청약에 표시되어 있는 경우에는 청약은 철회될 수 없다.

제○○조
① 청약에 대한 동의를 표시하는 상대방의 진술 또는 그 밖의 행위는 승낙이 된다. 침묵이나 부작위는 그 자체만으로 승낙이 되지 않는다.
② 청약에 대한 승낙은 동의의 의사표시가 청약자에게 도달하는 시점에 효력이 발생한다. 청약자가 지정한 기간 내에 동의의 의사표시가 도달하지 않으면 승낙의 효력이 발생하지 않는다.

제○○조 계약은 청약에 대한 승낙의 효력이 발생한 시점에 성립된다.

제○○조 청약, 승낙, 그 밖의 의사표시는 상대방에게 구두로 통고된 때 또는 그 밖의 방법으로 상대방 본인, 상대방의 영업소나 우편주소에 전달된 때, 상대방이 영업소나 우편주소를 가지지 아니한 경우에는 그의 상거소(장소에 주소를 정하려는 의사 없이 상당기간 머무는 장소)에 전달된 때에 상대방에게 도달된다.

---

① 계약은 2018년 1월 15일에 성립되었다.
② 계약은 2018년 1월 14일에 성립되었다.
③ A의 청약은 2018년 1월 2일에 철회되었다.
④ B의 승낙은 2018년 1월 1일에 효력이 발생하였다.
⑤ B의 승낙은 2018년 1월 12일에 효력이 발생하였다.

**22.** 소셜미디어 회사에 근무하는 甲은 사회 네트워크에 대한 이론을 바탕으로 자사 SNS 서비스를 이용하는 A~P에 대한 분석을 실시하였다. 甲이 분석한 내용 중 잘못된 것은?

---

사회 네트워크란 '사람들이 연결되어 있는 관계망'을 의미한다. '중심성'은 한 행위자가 전체 네트워크에서 중심에 위치하는 정도를 표현하는 지표이다. 중심성을 측정하는 방법에는 여러 가지가 있는데, 대표적인 것으로 '연결정도 중심성'과 '근접 중심성'의 두 가지 유형이 있다.

'연결정도 중심성'은 사회 네트워크 내의 행위자와 직접적으로 연결되는 다른 행위자 수의 합으로 얻어진다. 이는 한 행위자가 다른 행위자들과 얼마만큼 관계를 맺고 있는가를 통하여 그 행위자가 사회 네트워크에서 중심에 위치하는 정도를 측정하는 것이다. 예를 들어 〈예시〉에서 행위자 A의 연결정도 중심성은 A와 직접 연결된 행위자의 숫자인 4가 된다.

'근접 중심성'은 사회 네트워크에서의 두 행위자 간의 거리를 강조한다. 사회 네트워크상의 다른 행위자들과 가까운 위치에 있다면 그들과 쉽게 관계를 맺을 수 있고 따라서 그만큼 중심적인 역할을 담당한다고 간주한다. 연결정도 중심성과는 달리 근접 중심성은 네트워크 내에서 직·간접적으로 연결되는 모든 행위자들과의 최단거리의 합의 역수로 정의된다. 이때 직접 연결된 두 점의 거리는 1이다. 예를 들어 〈예시〉에서 A의 근접 중심성은 $\frac{1}{6}$ 이 된다.

〈예시〉

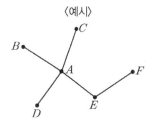

---

〈SNS 서비스를 이용하는 A~P의 사회 네트워크〉

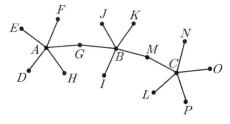

---

① 행위자 G의 근접 중심성은 $\frac{1}{37}$ 이다.
② 행위자 A의 근접 중심성은 행위자 B의 근접 중심성과 동일하다.
③ 행위자 G의 근접 중심성은 행위자 M의 근접 중심성과 동일하다.
④ 행위자 G의 연결정도 중심성은 행위자 M의 연결정도 중심성과 동일하다.
⑤ 행위자 A의 연결정도 중심성과 행위자 K의 연결정도 중심성의 합은 6이다.

증여세는 타인으로부터 무상으로 재산을 취득하는 경우, 취득자에게 무상으로 받은 재산가액을 기준으로 하여 부과하는 세금이다. 특히, 증여세 과세대상은 민법상 증여뿐만 아니라 거래의 명칭, 형식, 목적 등에 불구하고 경제적 실질이 무상 이전인 경우 모두 해당된다. 증여세는 증여받은 재산의 가액에서 증여재산 공제를 하고 나머지 금액(과세표준)에 세율을 곱하여 계산한다.

> 증여재산 − 증여재산공제액 = 과세표준
> 과세표준 × 세율 = 산출세액

증여가 친족 간에 이루어진 경우 증여받은 재산의 가액에서 다음의 금액을 공제한다.

| 증여자 | 공제금액 |
| --- | --- |
| 배우자 | 6억 원 |
| 직계존속 | 5천만 원 |
| 직계비속 | 5천만 원 |
| 기타친족 | 1천만 원 |

수증자를 기준으로 당해 증여 전 10년 이내에 공제받은 금액과 해당 증여에서 공제받을 금액의 합계액은 위의 공제금액을 한도로 한다.
또한, 증여받은 재산의 가액은 증여 당시의 시가로 평가되며, 다음의 세율을 적용하여 산출세액을 계산하게 된다.

〈증여세 세율〉

| 과세표준 | 세율 | 누진공제액 |
| --- | --- | --- |
| 1억 원 이하 | 10% | − |
| 1억 원 초과~5억 원 이하 | 20% | 1천만 원 |
| 5억 원 초과~10억 원 이하 | 30% | 6천만 원 |
| 10억 원 초과~30억 원 이하 | 40% | 1억 6천만 원 |
| 30억 원 초과 | 50% | 4억 6천만 원 |

※ 증여세 자진신고 시 산출세액의 7% 공제함

**23.** 위의 증여세 관련 자료를 참고할 때, 다음 〈보기〉와 같은 세 가지 경우에 해당하는 증여재산 공제액의 합은 얼마인가?

〈보기〉
• 아버지로부터 여러 번에 걸쳐 1천만 원 이상 재산을 증여받은 경우
• 성인 아들이 아버지와 어머니로부터 각각 1천만 원 이상 재산을 증여받은 경우
• 아버지와 삼촌으로부터 1천만 원 이상 재산을 증여받은 경우

① 5천만 원
② 6천만 원
③ 1억 원
④ 1억 5천만 원
⑤ 1억 6천만 원

**24.** 성년인 김부자 씨는 아버지로부터 1억 7천만 원의 현금을 증여받게 되어, 증여세 납부 고지서를 받기 전 스스로 증여세를 납부하고자 세무사를 찾아 갔다. 세무사가 계산해 준 김부자 씨의 증여세 납부액은 얼마인가?

① 1,400만 원
② 1,302만 원
③ 1,280만 원
④ 1,255만 원
⑤ 1,205만 원

**25.** 아래의 내용은 직장만족 및 직무몰입에 대한 A, B, C, D의 견해를 나타낸 것이다. A~D까지 각각의 견해에 관한 진술로써 가장 옳은 내용을 고르면?

어느 회사의 임직원을 대상으로 조사한 결과에 대해 상이한 견해가 있다. A는 직무 몰입도가 높으면 직장 만족도가 높고 직무 몰입도가 낮으면 직장 만족도도 낮다고 해석하여, 직무 몰입도가 직장 만족도를 결정한다고 결론지었다. B는 일찍 출근하는 사람의 직무 몰입도와 직장 만족도가 높고, 그렇지 않은 경우 직무 몰입도와 직장 만족도가 낮다고 결론지었다. C는 B의 견해에 동의하면서, 근속 기간이 길수록 빨리 출근 한다고 보고, 전자가 후자에 영향을 준다고 해석하였다. D는 직장 만족도가 높으면 직무 몰입도가 높고 직장 만족도가 낮으면 직무 몰입도도 낮다고 해석하여, 직장 만족도가 직무 몰입도를 결정한다고 결론지었다.

① 일찍 출근하며 직무 몰입도가 높고 직장에도 만족하는 임직원이 많을수록 A의 결론이 B의 결론보다 강화된다.
② 직장에는 만족하지만 직무에 몰입하지 않는 임직원이 많을수록 A의 결론은 강화되고 D의 결론은 약화된다.
③ 직무에 몰입하지만 직장에는 만족하지 않는 임직원이 많을수록 A의 결론은 약화되고 D의 결론은 강화된다.
④ 일찍 출근하지만 직무에 몰입하지 않는 임직원이 많을수록 B와 C의 결론이 약화된다.
⑤ 근속 기간이 길지만 직장 만족도가 낮은 임직원이 많을수록 B와 C의 결론이 약화된다.

**26.** 김 사원, 이 사원, 박 사원, 정 사원, 최 사원은 신입사원 오리엔테이션을 받으며 왼쪽부터 순서대로 앉아 강의를 들었다. 각기 다른 부서로 배치된 이들은 4년 후 신규 대리 진급자 시험을 보기 위해 다시 같은 강의실에 모이게 되었다. 다음의 〈조건〉을 모두 만족할 때, 어떤 경우에도 바로 옆에 앉는 두 사람은 누구인가?

> 〈조건〉
> A. 신규 대리 진급자 시험에 응시하는 사람은 김 사원, 이 사원, 박 사원, 정 사원, 최 사원뿐이다.
> B. 오리엔테이션 당시 앉았던 위치와 같은 위치에 앉아서 시험을 보는 직원은 아무도 없다.
> C. 김 사원과 박 사원 사이에는 1명이 앉아 있다.
> D. 이 사원과 정 사원 사이에는 2명이 앉아 있다.

① 김 사원, 최 사원

② 이 사원, 박 사원

③ 김 사원, 이 사원

④ 정 사원, 최 사원

⑤ 정 사원, 박 사원

**27.** 다음 조건을 만족할 때, 민 대리가 설정해 둔 비밀번호는?

> • 민 대리가 설정한 비밀번호는 0~9까지의 숫자를 이용한 4자리수이며, 같은 수는 연달아 한 번 반복된다.
> • 4자리의 수를 모두 더한 수는 11이며, 모두 곱한 수는 20보다 크다.
> • 4자리의 수 중 가장 큰 수와 가장 작은 수는 5만큼의 차이가 난다.
> • 비밀번호는 첫 번째 자릿수인 1을 시작으로 오름차순으로 설정하였다.

① 1127

② 1226

③ 1235

④ 1334

⑤ 1136

**28.** 5명(A ~ E)이 다음 규칙에 따라 게임을 하고 있다. 4→1→1의 순서로 숫자가 호명되어 게임이 진행되었다면 네 번째 술래는?

> • A→B→C→D→E 순으로 반시계방향으로 동그랗게 앉아 있다.
> • 한 명의 술래를 기준으로, 술래는 항상 숫자 3을 배정받고, 반시계방향으로 술래 다음 사람이 숫자 4를, 그 다음 사람이 숫자 5를, 술래 이전 사람이 숫자 2를, 그 이전 사람이 숫자 1을 배정받는다.
> • 술래는 1 ~ 5의 숫자 중 하나를 호명하고, 호명된 숫자에 해당하는 사람이 다음 술래가 된다. 새로운 술래를 기준으로 다시 위의 조건에 따라 숫자가 배정되며 게임이 반복된다.
> • 첫 번째 술래는 A다.

① A

② B

③ C

④ D

⑤ E

**29.** 아래의 내용을 읽고 밑줄 친 부분을 해결방안으로 삼아 실행했을 시에 주의해야 하는 내용으로 바르지 않은 것은?

> 동합금 제조기업 서원은 연간 40억 원의 원가 절감을 목표로 '원가혁신 2030' 출범 행사를 열었다고 26일 밝혔다. 원가혁신 2030은 오는 2020년까지 경영혁신을 통해 원가 또는 비용은 20% 줄이고 이익은 30% 향상시키는 혁신활동의 일환이라고 회사 측은 설명했다.
>
> 이 회사는 원가혁신 2030을 통해 연간 40억 원을 절감한다는 계획이다. 이를 달성하기 위해 체계적으로 원가코스트 센터를 통해 예산을 통제하고, 원가활동별로 비용 절감을 위한 개선활동도 진행한다. 또 종합생산성혁신(Total Productivity Innovation)을 통해 팀별, 본부별 단위로 목표에 의한 관리를 추진할 예정이다. 이에 대한 성과 평가와 보상을 위한 성과관리시스템도 구축 중이다.
>
> 서원은 비용 및 원가 절감뿐 아니라 원가혁신 2030을 통해 미래 성장비전도 만들어가기로 했다. 정직, 인재, 도전, 창조, 상생의 5개 핵심가치를 중심으로 지식을 공유하는 조직문화를 정착시키는 계획도 추진한다. 박기원 원가혁신위원장은 "내실을 다지면서 변화와 혁신을 도구 삼아 지속 성장이 가능한 기업으로 거듭나야 한다"라며 "제2의 창업이라는 각오로 혁신활동을 안착시키겠다"라고 말했다.

① 목표에 의한 관리가 제대로 수행되어질 수 있게끔 조직을 분권화 하는 등의 조직시스템의 재정비가 뒤따라야 한다.

② 의사소통의 통로 및 종업원들의 태도와 그들의 행위변화에 대한 대책을 마련하여, 올바른 조직문화 형성에 노력을 아끼지 말아야 한다.

③ 종업원들끼리의 지나친 경쟁과 리더의 역할갈등으로 인해 집단 저항의 우려가 있다.

④ 기업 조직의 사기 및 분위기나 문화 등이 경영환경에 대응해야만 하는 조직의 단기적인 안목에 대한 전략이 약화될 수 있으므로 주의해야 한다.

⑤ 구체적인 목표 제시가 되어야 한다.

**30.** ◇◇자동차그룹 기술개발팀은 수소연료전지 개발과 관련하여 다음의 자료를 바탕으로 회의를 진행하고 있다. 잘못된 분석을 하고 있는 사람은?

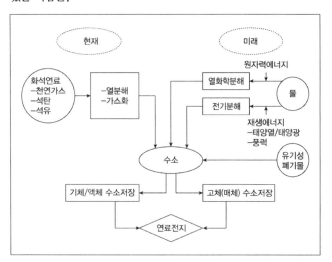

① 甲 : 현재는 석유와 천연가스 등 화석연료에서 수소를 얻고 있지만, 미래에는 재생에너지나 원자력을 활용한 수소 제조법이 사용될 것이다.

② 乙 : 수소는 기체, 액체, 고체 등 저장 상태에 관계없이 연료전지에 활용할 수 있다는 장점을 갖고 있다.

③ 丙 : 수소저장기술은 기체나 액체 상태로 저장하는 방식과 고체(매체)로 저장하는 방식으로 나눌 수 있다.

④ 丁 : 수소를 제조하는 기술에는 화석연료를 전기분해하는 방법과 재생에너지를 이용하여 물을 열분해하는 두 가지 방법이 있다.

⑤ 戊 : 수소는 물, 석유, 천연가스 및 유기성 폐기물 등에 함유되어 있으므로, 다양한 원료로부터 생산할 수 있다는 장점을 갖고 있다.

┃31~32┃ 甲기업 재무팀에서는 2018년도 예산을 편성하기 위해 2017년에 시행되었던 A~F 프로젝트에 대한 평가를 실시하여, 아래와 같은 결과를 얻었다. 물음에 답하시오.

〈프로젝트 평가 결과〉

(단위 : 점)

| 프로젝트 | 계획의 충실성 | 계획 대비 실적 | 성과지표 달성도 |
|---|---|---|---|
| A | 96 | 95 | 76 |
| B | 93 | 83 | 81 |
| C | 94 | 96 | 82 |
| D | 98 | 82 | 75 |
| E | 95 | 92 | 79 |
| F | 95 | 90 | 85 |

• 프로젝트 평가 영역과 각 영역별 기준 점수는 다음과 같다.
 – 계획의 충실성 : 기준 점수 90점
 – 계획 대비 실적 : 기준 점수 85점
 – 성과지표 달성도 : 기준 점수 80점
• 평가 점수가 해당 영역의 기준 점수 이상인 경우 '통과'로 판단하고 기준 점수 미만인 경우 '미통과'로 판단한다.
• 모든 영역이 통과로 판단된 프로젝트에는 전년과 동일한 금액을 편성하며, 2개 영역이 통과로 판단된 프로젝트에는 전년 대비 10% 감액, 1개 영역만 통과로 판단된 프로젝트에는 15% 감액하여 편성한다. 다만 '계획 대비 실적' 영역이 미통과인 경우 위 기준과 상관없이 15 % 감액하여 편성한다.
• 2017년도 甲기업의 A~F 프로젝트 예산은 각각 20억 원으로 총 120억 원이었다.

**31.** 전년과 동일한 금액의 예산을 편성해야 하는 프로젝트는 총 몇 개인가?

① 1개　　　　　② 2개

③ 3개　　　　　④ 3개

⑤ 5개

**32.** 甲기업의 2018년도 A~F 프로젝트 예산 총액은 전년 대비 얼마나 감소하는가?

① 10억 원　　　② 9억 원

③ 8억 원　　　　④ 7억 원

⑤ 6억 원.

**33.** 다음은 국고보조금의 계상과 관련된 법조문이다. 이를 근거로 제시된 상황을 판단할 때, 2016년 정당에 지급할 국고보조금 총액은?

제00조(국고보조금의 계상)
① 국가는 정당에 대한 보조금으로 최근 실시한 임기만료에 의한 국회의원선거의 선거권자 총수에 보조금 계상단가를 곱한 금액을 매년 예산에 계상하여야 한다.
② 대통령선거, 임기만료에 의한 국회의원선거 또는 동시지방선거가 있는 연도에는 각 선거(동시지방선거는 하나의 선거로 본다)마다 보조금 계상단가를 추가한 금액을 제1항의 기준에 의하여 예산에 계상하여야 한다.
③ 제1항 및 제2항에 따른 보조금 계상단가는 전년도 보조금 계상단가에 전전년도와 대비한 전년도 전국소비자물가 변동률을 적용하여 산정한 금액을 증감한 금액으로 한다.
④ 중앙선거관리위원회는 제1항의 규정에 의한 보조금(경상보조금)은 매년 분기별로 균등분할하여 정당에 지급하고, 제2항의 규정에 의한 보조금(선거보조금)은 당해 선거의 후보자등록마감일 후 2일 이내에 정당에 지급한다.

• 2014년 실시된 임기만료에 의한 국회의원선거의 선거권자 총수는 3천만 명이었고, 국회의원 임기는 4년이다.
• 2015년 정당에 지급된 국고보조금의 보조금 계상단가는 1,000원이었다.
• 전국소비자물가 변동률을 적용하여 산정한 보조금 계상단가는 전년 대비 매년 30원씩 증가한다.
• 2016년에는 5월에 대통령선거가 있고 8월에 임기만료에 의한 동시지방선거가 있다. 각 선거의 한 달 전에 후보자등록을 마감한다.
• 2017년에는 대통령선거, 임기만료에 의한 국회의원선거 또는 동시지방선거가 없다.

① 600억 원
② 618억 원
③ 900억 원
④ 927억 원
⑤ 971억 원

|34~35| 다음 자료를 보고 이어지는 물음에 답하시오.

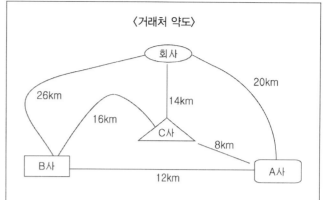

〈거래처 약도〉

〈각 구간별 연비〉
• 회사~A사/B사/C사 : 각 10km/L(시내)
• A사~B사 : 14km/L(국도)
• B사~C사 : 8km/L(비포장도로)
• C사~A사 : 20km/L(고속도로)
※ 연료비는 1L당 1,500원으로 계산한다.

**34.** 최 대리는 오늘 외출을 하여 A, B, C 거래처를 방문해야 한다. 세 군데 거래처를 모두 방문하고 마지막 방문지에서 바로 퇴근을 할 예정이지만, 서류 전달을 위해 중간에 한 번은 다시 회사로 돌아왔다 가야 한다. A사를 가장 먼저 방문할 경우 최 대리의 모든 거래처 방문이 완료되는 최단 거리 이동 경로는 몇 km인가?

① 58km
② 60km
③ 64km
④ 68km
⑤ 70km

**35.** 위와 같은 거래처 방문 조건 하에서 최장 거리 이동 경로와 최단 거리 이동 경로의 총 사용 연료비 차액은 얼마인가?

① 3,000원
② 3,100원
③ 3,200원
④ 3,300원
⑤ 3,400원

**36.** 자원관리능력은 예산관리, 시간관리, 물적자원관리, 인적자원관리 등으로 구분되는데, 이 중 예산관리는 업무수행에 있어 필요한 자본자원을 최대한도로 모아 업무에 어떻게 활용할 것인지를 결정하게 된다. 통상적으로 기업에서는 고객이 원하는 품목, 원하는 시점 및 바람직한 물량을 항상 정확하게 파악하는 것인데, 구매를 위한 자유재량 예산의 확보를 자유재량구입예산이라 한다. 이러한 개념을 활용하여 아래의 내용을 보고 자유재량구입예산(Open-To-Buy)을 구하면?

---
- 계획된 월말재고 : 6백만 원
- 조정된 월말재고 : 4백 6십만 원
- 실제 월별 추가재고 : 5십만 원
- 실제 주문량 : 2백 5십만 원
---

① 9십만 원

② 1백 4십만 원

③ 1백 8십만 원

④ 2백만 원

⑤ 2백 3십만 원

**37.** 물적자원관리는 조직 업무수행에 있어 필요로 하는 각종 재료 및 관련 자원들을 모아서 실제 업무에 적용시키기 위한 계획을 말하는데, ㈜하늘은 점포의 신축을 계획하고 있다. 대지 면적이 100㎡인 곳에 바닥 면적이 70㎡인 건물을 지하 1층, 지상 3층으로 짓고 1층 전체를 주차장으로 만들었다고 하면 이 건물의 용적률을 구하면? (단, 용적률 계산 시 지하 및 지상주차장은 제외됨)

① 100%

② 110%

③ 120%

④ 130%

⑤ 140%

**38.** 제조업체 입장에서 볼 때, 소매상과 직접 거래하는 것보다는 도매상을 거치는 것이 교환과정에 있어 필요한 거래수의 감소를 가져오는데, 이는 곧 시간관리 능력을 향상시켜 주는 결과를 얻게 한다. 만일 이때, 제조업체가 3곳, 도매상이 2곳, 소매상이 6곳일 경우 총 거래의 수는 얼마인지 구하면?

① 12개 거래

② 15개 거래

③ 18개 거래

④ 20개 거래

⑤ 22개 거래

**39.** 물적 자원관리는 업무에 있어 여러 재료 및 자원을 통합해 적용할 것인지를 계획 및 관리하는 것인데, 재고 또한 기업의 입장에서는 물적 자원에 해당한다. 기업이 보유하고 있는 물적 자원 중 하나인 안전재고는 완충재고라고도 하며, 수요 또는 리드타임의 불확실성으로 인해 주기 재고량을 초과하여 유지하는 재고를 의미한다. 이러한 안전재고량은 확률적 절차로 인해 결정되는데, 수요변동의 범위 및 재고의 이용 가능성 수준에 달려 있다. 이 때, 다음에서 제시하는 내용을 토대로 유통과정에서 발생하는 총 안전재고를 계산하면?

---
- 해당 제품의 주당 평균 수요는 2,500단위로 가정한다.
- 소매상은 500개 업체, 도매상은 50개 업체, 공장창고는 1개 업체가 존재한다.

| 구분 | 평균수요(주) | 주문주기(일) | 주문기간 중 최대수요 |
|---|---|---|---|
| 소매상 | 5 | 20 | 25 |
| 도매상 | 50 | 39 | 350 |
| 공장창고 | 2,500 | 41 | 19,000 |
---

① 약 23,555 단위

② 약 19,375 단위

③ 약 16,820 단위

④ 약 14,936 단위

⑤ 약 13,407 단위

**40.** 다음 글을 읽고 A국의 예산집행 담당자의 결정으로 가장 바람직한 것을 고르면?

> A국은 인구 1천 명의 작은 섬 국가이다. A국은 현재 쓰레기 매립장이 포화상태가 되었고, 쓰레기를 처리할 방법이 마련되지 않아 집집마다 쓰레기가 쌓이고 있다. A국 정부는 쓰레기 처리문제를 해결하기 위하여 다음의 3가지 방안을 비교하고 있다.
>
> ☐ 대안 1 – 10억 원을 들여 쓰레기 소각장을 설치한다.
> • 쓰레기 소각장을 설치하면 모든 국민이 배출하는 쓰레기를 문제없이 처리할 수 있으며, 관리를 위한 추가적인 비용은 발생하지 않는다.
> • 쓰레기 소각장은 10년간 사용이 가능하며, 그 이후에는 다시 건설하여야 한다.
> ☐ 대안 2 – 대규모 쓰레기 소각장을 보유한 B국에 쓰레기 처리비용을 지불하고 쓰레기를 처리한다.
> • 쓰레기 처리비용은 10만 원/ton이다.
> • A국은 매년 1,200톤의 쓰레기를 배출한다.
> ☐ 시내 중심의 공원을 쓰레기 매립장으로 이용한다.
> • 공원의 위치가 시내 중심이므로 악취와 전염병이 발생할 수 있다.
> • 이 방안으로 인해 발생하는 사회적 비용은 연간 1억 1천만 원으로 추산된다.

① 각 대안들을 비교하여 쓰레기 문제 해결에 필요한 비용이 가장 적은 대안인 대안 1을 시행해야 한다.
② 대안 2를 선택하는 것이 장기적으로 가장 좋은 결정이다.
③ 대안 3의 사회적 비용이 가장 적은 경우라도 대안 3을 선택해서는 안 된다.
④ 대안 2와 대안 3만 있는 경우라면, 대안 2를 선택하는 것이 합리적인 결정이다.
⑤ B국이 10년간 쓰레기 처리를 위탁할 경우, 총 비용의 10%를 할인해 주겠다고 제안했다면 대안 2를 선택해야 한다.

**41.** 어떤 회로의 유효전력이 80[W], 무효전력이 60[Var]일 때 역률은 얼마인가?

① 0.4[%]  ② 0.8[%]
③ 40[%]   ④ 80[%]
⑤ 100[%]

**42.** 정전용량 $C$인 평행판 콘덴서를 전압 $V$로 충전하고 전원을 제거한 후 전극 간격을 $\frac{1}{2}$로 접근시키면 전압은 어떻게 되는가?

① $V$           ② $2V$
③ $4V$          ④ $\frac{1}{4}V$
⑤ $\frac{1}{2}V$

**43.** 다음 중 변압기의 병렬운전 조건에 필요하지 않은 것은?

① 극성이 같을 것
② 용량이 같을 것
③ 권수비가 같을 것
④ 퍼센트 임피던스 강하가 같을 것
⑤ 저항과 리액턴스의 비가 같을 것

**44.** 교류에서 고압의 범위로 옳은 것은?

① 750[V]를 넘고, 6,000[V] 이하인 것
② 750[V]를 넘고, 7,000[V] 이하인 것
③ 600[V]를 넘고, 6,000[V] 이하인 것
④ 600[V]를 넘고, 7,000[V] 이하인 것
⑤ 600[V]를 넘고, 750[V] 이하인 것

**45.** 다음 중 전로를 대지로부터 반드시 절연하여야 하는 경우에 해당하는 것은?

① 저압전로에 접지공사를 하는 경우의 접지점
② 전로의 중성점에 접지공사를 하는 경우의 접지점
③ 계기용변성기의 2차측 저로에 접지공사를 하는 경우의 접지점
④ 중성점이 접지된 특고압 가공선로의 중성선에 다중 접지를 하는 경우의 접지점
⑤ 저압 가공전선로의 접지측 전선

**46.** 페런티 현상이 발생하는 주된 원인으로 알맞은 것은?

① 선로의 인덕턴스　　② 선로의 정전용량

③ 선로의 누설 컨덕턴스　④ 선로의 저항

⑤ 선로의 어드미턴스

**47.** 345[kV] 송전계통의 절연협조에서 충격절연내력의 크기순으로 바르게 나열한 것은?

① 선로애자 > 피뢰기 > 차단기 > 변압기

② 선로애자 > 변압기 > 차단기 > 피뢰기

③ 선로애자 > 피뢰기 > 변압기 > 차단기

④ 선로애자 > 변압기 > 피뢰기 > 차단기

⑤ 선로애자 > 차단기 > 변압기 > 피뢰기

**48.** 배전선로 개폐기 중 반드시 차단기능이 있는 후비 보호장치와 직렬로 설치하여 고장구간을 분리시키는 개폐기는 무엇인가?

① 리클로저　　　　② 부하개폐기

③ 컷아웃 스위치　　④ 섹셔널라이저

⑤ 캐치 홀더

**49.** 3상 3선식에서 일정한 거리에 일정한 전력을 송전할 경우 선로에서의 저항손은?

① 선간전압에 비례한다.

② 선간전압에 반비례한다.

③ 선간전압의 2승에 비례한다.

④ 선간전압의 2승에 반비례한다.

⑤ 선간전압과 거리의 곱에 비례한다.

**50.** 길이 10[cm]의 도선이 자속 밀도 1[Wb/m$^2$]의 평등 자장 안에서 자속과 수직 방향으로 3[sec] 동안에 12[m] 이동하였다. 이때 유도되는 기전력은 몇 [V]인가?

① 0.1[V]　　　　② 0.2[V]

③ 0.3[V]　　　　④ 0.4[V]

⑤ 0.5[V]

**51.** 전선에서 길이 1[m], 단면적 1[mm$^2$]를 기준으로 고유 저항은 어떻게 나타내는가?

① [$\Omega$]　　　　② [$\Omega \cdot$ m]

③ [$\Omega$ / m$^2$]　　④ [$\Omega$ / mm$^2$]

⑤ [$\Omega \cdot$ mm$^2$/m]

**52.** 전압의 종류 중 특별 고압에 해당하는 것은?

① 5[kV] 넘는 것　　② 7[kV] 넘는 것

③ 10[kV] 이상　　　④ 14[kV] 이상

⑤ 20[kV] 이상

**53.** 키르히호프의 법칙에 대한 설명으로 가장 옳은 것은?

① 제1법칙은 전압에 관한 법칙이다.

② 제1법칙은 전류에 관한 법칙이다.

③ 제1법칙은 회로망의 임의의 한 폐회로 중의 전압 강하의 대수합과 기전력의 대수합은 같다.

④ 제2법칙은 회로망에 유입하는 전류의 합은 유출하는 전류의 합과 같다.

⑤ 제2법칙은 직류와 교류 모두 적용할 수 있으며, 전하보존 법칙에 근거를 둔다.

**54.** 전류를 계속 흐르게 하려면 전압을 연속적으로 만들어주는 어떠한 힘이 필요하게 되는데 이 힘을 무엇이라 하는가?

① 자기력　　　　② 전자력

③ 기전력　　　　④ 전기장

⑤ 자기장

**55.** 전력계통의 전압 조정설비의 특징에 대한 설명으로 옳지 않은 것은?

① 병렬콘덴서는 진상능력만을 가지며 병렬리액터는 진상능력이 없다.

② 동기조상기는 무효전력의 공급과 흡수가 모두 가능하며 진상 및 지상용량을 갖는다.

③ 동기조상기는 조정의 단계가 불연속이나, 직렬콘덴서 및 병렬리액터는 그것이 연속적이다.

④ 병렬리액터는 장거리 초고압 송전선 또는 지중선 계통의 충전용량 보상용으로 주요 발전소, 변전소에 설치된다.

⑤ 전력용 콘덴서는 부하의 역률을 개선하여 무효전력을 보상하여 전압강하를 경감시킨다.

# 한국전력공사

## NCS 직무능력검사
## 모의고사(전기 분야)

## 정답 및 해설

SEOWONGAK

(주)서원각

**1** ③

③ '몸가짐이나 언행을 조심하다.'는 의미를 가진 표준어는 '삼가다'로, '삼가야 한다'는 어법에 맞는 표현이다. 자주 틀리는 표현 중 하나로 '삼가해 주십시오' 등으로 사용하지 않도록 주의해야 한다.

① 어떤 일의 수단이나 도구를 나타내는 격조사 '-로써'로 고치는 것이 적절하다.

② 어떤 사실이나 내용을 시인하면서 그에 반대되는 내용을 말하거나 조건을 붙여 말할 때에 쓰는 연결 어미인 '-지마는(-지만)'이 오는 것이 적절하다.

④ '및'은 '그리고', '그 밖에', '또'의 뜻으로, 문장에서 같은 종류의 성분을 연결할 때 쓰는 말이다. 따라서 앞뒤로 이어지는 표현의 구조가 대등해야 한다.

⑤ '자문하다'는 '어떤 일을 좀 더 효율적이고 바르게 처리하려고 그 방면의 전문가나, 전문가들로 이루어진 기구에 의견을 묻다.'라는 뜻으로 '~에/에게 ~을 자문하다' 형식으로 쓴다.

**2** ①

① 엄청나게 큰 사람이나 사물
② 사람이나 사물이 외따로 오뚝하게 있는 모양
③ 넋이 나간 듯이 가만히 한 자리에 서 있거나 앉아 있는 모양
④ '철'을 속되게 이르는 말, 철이란 사리를 분별할 수 있는 힘을 말함
⑤ '꼴'을 낮잡아 이르는 말, 꼴이란 겉으로 보이는 사물의 모양을 말함

**3** ④

④ 계란 알레르기가 있는 고객이므로 제품에 계란이 사용되었거나, 제조과정에서 조금이라도 계란이 들어갔을 우려가 있다면 안내해 주는 것이 바람직하다. 이 제품은 원재료에 계란이 들어가지는 않지만, 계란 등을 이용한 제품과 같은 제조시설에서 제조하였으므로 제조과정에서 계란 성분이 들어갔을 우려가 있다. 따라서 이 점에 대해 안내해야 한다.

**4** ④

주민등록상 생년월일, 본인 증명사진 등 본인 확인을 위해 입력한 추가사항은 면접전형 시 블라인드 처리된다. 따라서 사진과 생년월일 등이 면접관에게 공개된다는 답변은 공고문의 내용과 일치한다고 볼 수 없다.

① 합격자 발표는 9/12일에 채용 홈페이지를 통해서 확인할 수 있다.

② 개인의 인적 사항은 본인 확인용으로만 요청할 수 있으며, 확인 후 면접 시에는 블라인드 처리된다.

③ e-mail 뿐 아니라 서류 어느 곳에서도 학교명을 알 수 있는 내용은 금지된다.

⑤ '지원인원 미달 또는 전형 결과 적격자가 없는 경우 선발하지 않을 수 있음'이라고 명시되어 있다.

**5** ④

'안전우선'은 가장 많은 예산이 투자되는 핵심가치이다. 전략과제는 3가지가 있고, 그 중 '( 시설 안전성 강화 )'는 가장 많은 개수를 기록하고 있으며, 예산은 464,688백만 원이다. '고객감동'의 전략과제는 3가지이며, 고객만족을 최우선으로 하고 있다. 핵심가치 '( 변화혁신 )'은 113개를 기록하고 있고, 3가지 전략과제 중 융합형 조직혁신이 가장 큰 비중을 차지하고 있다. 핵심가치 '( 상생협치 )'는 가장 적은 비중을 차지하고 있고, 2가지 전략과제를 가지고 있다.

**6** ①

① '안전우선'의 예산은 가장 높은 비중을 보이고 있다.

**7** ①

① 첫 번째 문단에서 '도시 빈민가와 농촌에 잔존하고 있는 빈곤은 최소한의 인간적 삶조차 원천적으로 박탈하고 있으며'라고 언급하고 있다. 즉, 사회적 취약계층의 객관적인 생활수준이 향상되었다고 보는 것은 적절하지 않다.

② 첫 번째 문단
③ 두, 세 번째 문단

④ 네 번째 문단
⑤ 두 번째 문단

**8** ③

③ 중증장애인은 연령제한을 받지 않고, 국회통과안의 경우 부양자녀가 1인 이상이면 근로장려금을 신청할 수 있으므로, 다른 요건들을 모두 충족하고 있다면 B는 근로장려금을 신청할 수 있다.

① 정부제출안보다 국회통과안에 의할 때 근로장려금 신청자격을 갖춘 대상자의 수가 더 늘어날 것이다.

② 정부제출안과 국회통과안 모두 세대원 전원이 소유하고 있는 재산 합계액이 1억 원 미만이어야 한다. A는 소유 재산이 1억 원으로 두 안에 따라 근로장려금을 신청할 수 없다.

④ 정부제출안과 국회통과안 모두 내국인과 혼인한 외국인은 근로장려금 신청이 가능하다.

⑤ 3개월 이상 국민기초생활보장급여 수급자는 근로장려금 신청이 제외된다.

**9** ④

④ '발굴'은 세상에 널리 알려지지 않거나 뛰어난 것을 찾아 밝혀낸다는 의미로, 發(필 발)掘(팔 굴)로 쓴다.

**10** ③

1천만 원 이상의 과태료가 내려지게 되면 공표 조치의 대상이 되나, 모든 공표 조치 대상자들이 과태료를 1천만 원 이상 납부해야 하는 것은 아니다. 과태료 금액에 의한 공표 대상자 이외에도 공표 대상에 포함될 경우가 있으므로 반드시 1천만 원 이상의 과태료가 공표 대상자에게 부과된다고 볼 수는 없다.

① 행정처분의 종류를 처분 강도에 따라 구분하였으며, 이에 따라 가장 무거운 조치가 공표인 것으로 판단할 수 있다.

**11** ④

㉡은 $7,206 \div 2 = 3,603$이므로

영업 외 수익의 합계는 $15,095$가 된다.

㉠은 $2,005,492 + 15,095 = 2,020,587$이다.

따라서 ㉠ $\div$ ㉡는 $561$배이다.

**12** ①

한 달 동안의 통화 시간 $t$ $(t = 0, 1, 2, \cdots)$에 따른 요금제 $A$의 요금

$y = 10,000 + 150t$ $(t = 0, 1, 2, \cdots)$

요금제 $B$의 요금

$\begin{cases} y = 20,200 & (t = 0, 1, 2, \cdots, 60) \\ y = 20,200 + 120(t-60) & (t = 61, 62, 63, \cdots) \end{cases}$

요금제 $C$의 요금

$\begin{cases} y = 28,900 & (t = 0, 1, 2, \cdots, 120) \\ y = 28,900 + 90(t-120) & (t = 121, 122, 123, \cdots) \end{cases}$

㉠ $B$의 요금이 $A$의 요금보다 저렴한 시간 $t$의 구간은

$20,200 + 120(t-60) < 10,000 + 150t$ 이므로

$t > 100$

㉡ $B$의 요금이 $C$의 요금보다 저렴한 시간 $t$의 구간은

$20,200 + 120(t-60) < 28,900 + 90(t-120)$ 이므로 $t < 170$

따라서 $100 < t < 170$ 이다.

∴ $b - a$의 값은 $70$

**13** ④

㉠ 2001년에 '갑'이 $x$원어치의 주식을 매수한 뒤 같은 해에 동일한 가격으로 전량 매도했다고 하면, 주식을 매수할 때의 주식거래 비용은 $0.1949x$원이고 주식을 매도할 때의 주식거래 비용은 $0.1949x + 0.3x = 0.4949x$원으로 총 주식거래 비용의 합은 $0.6898x$원이다. 이 중 증권사 수수료는 $0.3680x$원으로 총 주식거래 비용의 50%를 넘는다.

㉢ 금융투자협회의 2011년 수수료율은 0.0008%로 2008년과 동일하다.

**14** ④

Y년의 총 에너지 사용량이 80,542천Toe이며, 화공산업 부문 전기다소비사업장의 전기 사용 비중은 27.4%이다. 따라서 화공산업 부문 전기다소비사업장의 전기 사용량은 $80,542 \times 0.274 = 22,068$천Toe가 된다. 또한, 이것은 전년 대비 4.5% 증가한 것이므로 Y-1년의 사용량을 $x$라 하면, 증가율의 공식에 의해 $(22,068 - x) \div x = 0.045$가 된다. 이것은 다시 $22,068 = 1.045x$가 되므로 $x = 22,068 \div 1.045 = 21,117$천Toe가 됨을 알 수 있다.

**15** ⑤

적어도 화살 하나는 6의 약수에 맞을 확률은 전체에서 화살 하나도 6의 약수에 맞지 않을 확률을 뺀 값이 된다.

한 번 쏘았을 때 6의 약수에 맞지 않을 확률은 $\frac{2}{6} = \frac{1}{3}$ 이므로 세 번 쏘았을 때 6의 약수에 맞지 않을 확률은 $\frac{1}{27}$ 이다.

따라서 화살을 세 번 쏘았을 때, 적어도 화살 하나는 6의 약수에 맞을 확률은 $1 - \frac{1}{27} = \frac{26}{27}$ 이다.

**16** ③

2호선 유아수유실은 11개이고, 전체 유아수유실은 88개이다.

따라서 2호선의 유아수유실이 차지하는 비율은

$$\frac{11}{88} \times 100 = 12.5\%$$

**17** ①

① 7호선의 유아수유실은 23개로 가장 많고, 1호선의 유아수유실은 2개로 가장 적다.

**18** ①

ⓒ 기업의 매출액이 클수록 자기자본비율이 동일한 비율로 커지는 관계에 있다고 가정하면 순이익은 자기자본비율×순이익률에 비례한다. 따라서 2008년도 순이익이 가장 많은 기업은 B이다.

ⓔ 2008년도 순이익률이 가장 높은 기업은 B이다. 1997년도 영업이익률이 가장 높은 기업은 F이다.

**19** ④

푸르미네 가족의 월간 탄소배출량 = $(420 \times 0.1) + (40 \times 0.2) + (60 \times 0.3) + (160 \times 0.5) = 42 + 8 + 18 + 80 = 148$kg이다. 소나무 8그루와 벗나무 6그루를 심을 경우 흡수할 수 있는 탄소흡수량은 $(14 \times 8) + (6 \times 6) = 112 + 36 = 148$kg/그루·월로 푸르미네 가족의 월간 탄소배출량과 같다.

**20** ④

④ 원자력 소비량은 2005년에 36.7백만TOE에서 2006년에 37.2백만TOE로 증가하였다가 2007년에는 다시 30.7백만TOE로 감소하였다. 이렇듯 2006부터 2014까지 전년 대비 원자력 소비량의 증감추이를 분석하면 증가, 감소, 증가, 감소, 증가, 증가, 감소, 감소, 증가로 증감을 거듭하고 있다.

① 2005년부터 2014년까지 1차 에너지 소비량은 연간 약 230~290백만TOE 사이이다. 석유 소비량은 연간 101.5~106.2백만TOE로 나머지 에너지 소비량의 합보다 적다.

② 석탄 소비량은 전체 기간으로 볼 때 완만한 상승세를 보이고 있다.

③ 기타 에너지 소비량은 지속적으로 증가하는 추세이다.

⑤ LNG 소비량은 2009년 이후로 지속적으로 증가하다가 2014년에 전년 대비 4.7백만TOE 감소하였다.

**21** ④

각 기업의 1단계 조건 충족 여부는 다음과 같다.

| 기업 | 사무실조건 (25명/개 이하) | 임원조건 (15명/명 이하) | 차량조건 (100명/대 이하) | 여유면적 조건 (650㎡ 이상) |
|---|---|---|---|---|
| A | 26.4명/개 × | 10.2명/명 ○ | 44명/대 ○ | 950㎡ ○ |
| B | 22.9명/개 ○ | 26.7명/명 × | 80명/대 ○ | 680㎡ ○ |
| C | 24명/개 ○ | 17.1명/명 × | 120명/대 × | 140㎡ × |
| D | 24.3명/개 ○ | 8.6명/명 ○ | 85명/대 ○ | 650㎡ ○ |
| E | 22.5명/개 ○ | 13.5명/명 ○ | 67.5명/대 ○ | 950㎡ ○ |

**22** ④

예비 선정된 기업인 D, E 중 임원평균근속기간이 더 긴 D 기업이 최종 선정된다.

**23** ⑤

평가 점수를 계산하기 전에, 제안가격과 업계평판에서 90점 미만으로 최하위를 기록한 B업체와 위생도에서 최하위를 기록한 D업체는 선정될 수 없다. 따라서 나머지 A, C, E업체의 가중치를 적용한 점수를 계산해 보면 다음과 같다.

- A업체 : 84 × 0.4 + 92 × 0.3 + 92 × 0.15 + 90 × 0.15 = 88.5점
- C업체 : 93 × 0.4 + 91 × 0.3 + 91 × 0.15 + 94 × 0.15 = 92.25점
- E업체 : 93 × 0.4 + 92 × 0.3 + 90 × 0.15 + 93 × 0.15 = 92.25점

C와 E업체가 동점인 상황에서 가중치가 가장 높은 제안가격의 점수가 같으므로, 다음 항목인 위생도 점수에서 더 높은 점수를 얻은 E업체가 최종 선정될 업체는 E업체가 된다.

**24** ⑤

객실의 층과 라인의 배열을 그림으로 표현하면 다음과 같다.

| 301호 | 302호 | 303호 | 304호 |
| 201호 | 202호 | 203호 | 204호 |
| 101호 | 102호 | 103호 | 104호 |

두 번째 조건에서 4호 라인에는 3개의 객실에 투숙하였다고 했으므로 104호, 204호, 304호에는 출장자가 있게 된다. 또한 3호 라인에는 1개의 객실에만 출장자가 투숙하였다고 했는데, 만일 203호나 303호에 투숙하였을 경우, 2층과 3층의 나머지 객실이 정해질 수 없다. 그러나 103호에 투숙하였을 경우, 1층의 2개 객실이 정해지게 되며 2층과 3층은 3호 라인을 제외한 1호와 2호 라인 모두에 출장자가 투숙하여야 한다. 따라서 보기 ⑤의 사실이 확인된다면 8명의 출장자가 투숙한 8개의 객실과 투숙하지 않는 4개의 객실 모두를 다음과 같이 알아낼 수 있다.

| 301호 | 302호 | 303호 | 304호 |
| 201호 | 202호 | 203호 | 204호 |
| 101호 | 102호 | 103호 | 104호 |

**25** ②

남자사원의 경우 ⓒ, ⓗ, ◎에 의해 다음과 같은 두 가지 경우가 가능하다.

| | 월요일 | 화요일 | 수요일 | 목요일 |
|---|---|---|---|---|
| 경우 1 | 치호 | 영호 | 철호 | 길호 |
| 경우 2 | 치호 | 철호 | 길호 | 영호 |

[경우 1]

옥숙은 수요일에 보낼 수 없고, 철호와 영숙은 같이 보낼 수 없으므로 옥숙과 영숙은 수요일에 보낼 수 없다. 또한 영숙은 지숙과 미숙 이후에 보내야 하고, 옥숙은 지숙 이후에 보내야 하므로 조건에 따르면 다음과 같다.

| | 월요일 | 화요일 | 수요일 | 목요일 |
|---|---|---|---|---|
| 남 | 치호 | 영호 | 철호 | 길호 |
| 여 | 지숙 | 옥숙 | 미숙 | 영숙 |

[경우 2]

| | | 월요일 | 화요일 | 수요일 | 목요일 |
|---|---|---|---|---|---|
| | 남 | 치호 | 철호 | 길호 | 영호 |
| 경우 2-1 | 여 | 미숙 | 지숙 | 영숙 | 옥숙 |
| 경우 2-2 | 여 | 지숙 | 미숙 | 영숙 | 옥숙 |
| 경우 2-3 | 여 | 지숙 | 옥숙 | 미숙 | 영숙 |

문제에서 영호와 옥숙을 같이 보낼 수 없다고 했으므로, [경우 1], [경우 2-1], [경우 2-2]는 해당하지 않는다. 따라서 [경우 2-3]에 의해 목요일에 보내야 하는 남녀사원은 영호와 영숙이다.

**26** ①

각 조건에서 알 수 있는 내용을 정리하면 다음과 같다.
ⓐ 사고 C는 네 번째로 발생하였다.

| 첫 번째 | 두 번째 | 세 번째 | C | 다섯번째 | 여섯번째 |
|---|---|---|---|---|---|

ⓑ 사고 A는 사고 E보다 먼저 발생하였다. →A > E

ⓒ 사고 B는 사고 A보다 먼저 발생하였다. →B > A

ⓓ 사고 E는 가장 나중에 발생하지 않았다. →사고 E는 2~3번째(∵ ⓑ에 의해 A > E이므로) 또는 5번째로 발생하였다.

ⓔ 사고 F는 사고 B보다 나중에 발생하지 않았다. → F > B

ⓕ 사고 C는 사고 E보다 나중에 발생하지 않았다. → C > E

ⓖ 사고 C는 사고 D보다 먼저 발생하였으나, 사고 B보다는 나중에 발생하였다. →B > C > D

따라서 모든 조건을 조합해 보면, 사고가 일어난 순서는 다음과 같으며 세 번째로 발생한 사고는 A이다.

| F | B | A | C | E | D |
|---|---|---|---|---|---|

**27** ①

문제해결의 장애요소

㉠ 너무 일반적이거나 너무 크거나 또는 잘 정의되지 않은 문제를 다루는 경우

㉡ 문제를 정확히 분석하지 않고 곧바로 해결책을 찾는 경우

㉢ 잠재적 해결책을 파악할 때 중요한 의사결정 인물이나 문제에 영향을 받게되는 구성원을 참여시키지 않는 경우

㉣ 개인이나 팀이 통제할 수 있거나 영향력을 행사할 수 있는 범위를 넘어서는 문제를 다루는 경우

㉤ 창의적 해결책보다는 '즐겨 사용하는' 해결책을 적용하는 경우

㉥ 해결책을 선택하는 타당한 이유를 마련하지 못하는 경우

㉦ 선택한 해결책을 실행하고 평가하는 방식에 관해 적절하게 계획을 수립하지 못하는 경우

**28** ③

시장의 위협을 회피하기 위해 강점을 사용하는 전략은 ST전략에 해당한다.

③ 부품의 10년 보증 정책은 강점, 통해 대기업의 시장 독점은 위협에 해당한다.(ST전략)

① 세계적인 유통라인은 강점, 개발도상국은 기회에 해당한다.(SO전략)

② 마진이 적은 것은 약점, 인구 밀도에 비해 대형마트가 부족한 도시는 기회에 해당한다.(WO전략)

④ 고가의 연구비는 약점, 부족한 정부 지원은 위협에 해당한다.(WT전략)

⑤ 친환경적 장점은 강점, 정부 지원을 받는 것은 기회에 해당한다.(SO전략)

**29** ④

제시된 내용은 김치에서 이상한 냄새가 나고 있는 상황이다.

④는 '김치 표면에 하얀 것(하얀 효모)이 생겼을 때'의 확인 사항이다.

**30** ③

③은 매뉴얼로 확인할 수 없는 내용이다.

**31** ④

㉠ 09:22에 D구역에 있었던 산양 21마리에서 09:32에 C구역으로 1마리, 09:50에 B구역으로 1마리가 이동하였고 09:52에 C구역에서 3마리가 이동해 왔으므로 09:58에 D구역에 있는 산양은 21 − 1 − 1 + 3 = 22마리이다.

㉡ 09:10에 A구역에 있었던 산양 17마리에서 09:18에 C구역에서 5마리가 이동해 왔고 09:48에 C구역으로 4마리가 이동하였으므로 10:04에 A구역에 있는 산양은 17 + 5 − 4 = 18마리이다.

㉢ 09:30에 B구역에 있었던 산양 8마리에서 09:50에 D구역에서 1마리가 이동해 왔고, 10:05에 C구역에서 2마리가 이동해 왔으므로 10:10에 B구역에 있는 산양은 8 + 1 + 2 = 11마리이다.

㉣ 09:45에 C구역에 있었던 11마리에서 09:48에 A구역에서 4마리가 이동해 왔고, 09:52에 D구역으로 3마리, 10:05에 B구역으로 2마리가 이동하였으므로 10:15에 C구역에 있는 산양은 11 + 4 − 3 − 2 = 10마리이다.

**32** ④

○○목장에서 키우는 산양의 총 마리 수는 22 + 18 + 11 + 10 = 61마리이다.

**33** ④

제시된 내용은 지적재산권에 관한 것이다.

**34** ②

자원의 성격

㉠ 자원의 가변성 : 자원의 가치는 과학기술과 문화적 배경 등에 따라 변화할 수 있다.

㉡ 자원의 상대성 : 동일 자원이 시대 또는 장소에 따라 다르게 사용될 수 있다.

㉢ 자원의 유한성 : 자원의 매장량은 한계가 있다.

㉣ 자원의 편재성 : 자원은 일부 지역에 편중되어 있다.

**35** ②

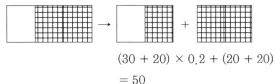

$$(30 + 20) \times 0.2 + (20 + 20)$$
$$= 50$$

**36** ②

?표와 인접한 인접 지구 시너지 효과를 $x$라고 하면 다음과 같이 계산할 수 있다.

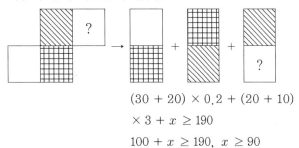

$$(30 + 20) \times 0.2 + (20 + 10)$$
$$\times 3 + x \geq 190$$
$$100 + x \geq 190, \ x \geq 90$$

따라서 업무 능력이 10인 홍보팀 팀원과 인접 배치 시너지 효과가 90 이상인 팀의 팀원이 앉아야 하므로 ? 자리에 올 수 있는 팀원은 영업팀 팀원이다.

**37** ①

시간관리 매트릭스

| | 긴급함 | 긴급하지 않음 |
|---|---|---|
| 중요함 | • 기간이 정해진 프로젝트 | • 인간관계 구축<br>• 중장기 계획 |
| 중요하지 않음 | • 눈앞의 급박한 상황 | • 우편물 확인 |

**38** ④

가장 먼저 해야 할 일은 1사분면의 일이다.
따라서 긴급하면서 중요한 일은 '마감이 가까운 업무'가 된다.

**39** ②

甲~戊의 심사기준별 점수를 산정하면 다음과 같다.
단, 丁은 신청마감일(2014. 4. 30.) 현재 전입일부터 6개월 이상의 신청자격을 갖추지 못하였으므로 제외한다.

| 구분 | 거주 기간 | 가족 수 | 영농 규모 | 주택 노후도 | 사업 시급성 | 총점 |
|---|---|---|---|---|---|---|
| 甲 | 10 | 4 | 4 | 8 | 10 | 36점 |
| 乙 | 4 | 8 | 10 | 6 | 10 | 38점 |
| 丙 | 6 | 6 | 8 | 10 | 10 | 40점 |
| 戊 | 8 | 6 | 10 | 8 | 4 | 36점 |

따라서 상위 2가구는 丙과 乙이 되는데, 2가구의 주소지가 B읍·면으로 동일하므로 총점이 더 높은 丙을 지원하고, 나머지 1가구는 甲, 戊의 총점이 동점이므로 가구주의 연령이 더 높은 甲을 지원하게 된다.

**40** ③

수도권 중 과밀억제권역에 해당하므로 우선변제를 받을 보증금 중 일정액의 범위는 2,000만 원이다. 그런데 ④처럼 하나의 주택에 임차인이 2명 이상이고 그 보증금 중 일정액을 모두 합한 금액(甲 2,000만 원 + 乙 2,000만 원 + 丙 1,000만 원 = 5,000만 원)이 주택가액 8,000만 원의 2분의 1을 초과하므로 그 각 보증금 중 일정액을 모두 합한 금액에 대한 각 임차인의 보증금 중 일정액의 비율(2 : 2 : 1)로 그 주택가액의 2분의 1에 해당하는 금액(4,000만 원)을 분할한 금액을 각 임차인의 보증금 중 일정액으로 봐야 한다.
따라서 우선변제를 받을 보증금 중 일정액은 甲 1,600만 원, 乙 1,600만 원, 丙 800만 원으로 乙과 丙이 담보물권자보다 우선하여 변제받을 수 있는 금액의 합은 1,600 + 800 = 2,400만 원이다.

**41** ③

$$P = 3I_P{}^2 \cdot R$$

$$R = \frac{P}{3I_P{}^2} = \frac{4,000}{3 \times 10^2} = 13.333[\Omega]$$

**42** ③

$$J = \frac{m}{s} [\text{Wb/m2}] \text{이고 } S = \pi r^2 = \pi \left(\frac{d}{2}\right)^2 = \frac{\pi d^2}{4}$$

$$m = J \cdot s = \frac{\pi d^2}{4} J$$

**43** ④

$V = IR = 2 \times 10 = 20\,[\text{V}]$

**44** ②

지선은 지지물이 강도 보강, 전선로의 안정성 증대 및 보안, 불 평형 하중에 대한 평형 유지 등을 위해 설치한다.

※ **지지물의 종류** ··· 가공 전선로의 지지물의 종류 : 목주, 철주, 철근콘크리트주, 철탑 등

**45** ②

발전기의 전압 변동률

$\epsilon = \left[ \dfrac{V_0 - V_n}{V_n} \right] \times 100\,[\%] = \left[ \dfrac{V_0}{V_n} - 1 \right] \times 100\,[\%]$

**46** ③

전류에 의해 만들어지는 자기장의 자기력선의 방향은 앙페르의 오른나사 법칙을 이용하여야 한다.

**47** ②

**3상 동기 발전기를 병렬 운전시 고려하여야 할 조건**

㉠ 기전력의 크기가 같을 것

㉡ 기전력의 파형이 같을 것

㉢ 기전력의 주파수가 같을 것

㉣ 기전력의 위상이 같을 것

㉤ 기전력의 상 회전 방향이 같을 것

**48** ②

부등률 $= \dfrac{\text{개개의 최대 수용 전력의 합}}{\text{합성 최대 수용 전력}}$

$\quad = \dfrac{5 + 10 + 15 + 25}{50} = 1.1$

**49** ④

**패러데이의 법칙** ··· 전기분해 법칙으로 전해질 용액의 전기분해에서 석출되는(전극에서 방전) 원소 또는 원자단의 양은 통하는 전기량(전류와 시간의 곱)에 비례하고, 1그램당량의 원소 또는 원자단이 석출되는 데에 필요한 전기량은 원소 또는 원자단의 종류는 관계없이 항상 일정(페러데이 정수)하다고 하는 법칙을 말한다.

**50** ③

경제적 전압 $E = 5.5 \sqrt{0.6l + \dfrac{P}{100}}$ 를 통하여 구하면 된다.

$E = 5.5 \sqrt{0.6 \times 60 + \dfrac{62{,}000}{100}}$

$\quad = 5.5 \times 25.6 = 140.8 ≒ 141\,[\text{kV}]$

**51** ③

송전전압은 발전소에서 생산된 전력을 송전을 할 때의 전압으로, 우리나라는 현재 22[kV], 66[kV], 154[kV], 345[kV], 765[kV] 등을 표준전압으로 사용하고 있다.

**52** ③

송전전력, 송전전압, 송전거리, 송전손실이 같을 때 소요 전선량

여기서, $W_2$ : 부하전력, $E$ : 송전전압, $P$ : 전력 손실률, $L$ : 배전거리, $K$ : 도전도

㉠ 단상 2선식 : $\dfrac{4W_2(1-P)L^2}{E^2 KP}$

㉡ 단상 3선식 : $\dfrac{3W_2(1-P)L^2}{2E^2 KP}$

㉢ 3상 3선식 : $\dfrac{3W_2(1-P)L^2}{E^2 KP}$

㉣ 3상 4선식 : $\dfrac{4W_2(1-P)L^2}{3E^2 KP}$

단상 2선식의 소요 전선량을 100[%]라 하면

㉠ 단상 2선식 : 100[%]

㉡ 단상 3선식 : $25 \times \dfrac{3}{2} = 37.5\,[\%]$

㉢ 3상 3선식 : $25 \times 3 = 75\,[\%]$

㉣ 3상 4선식 : $25 \times \dfrac{4}{3} = 33.3\,[\%]$

**53** ④

수평장력 $T = \dfrac{WS^2}{8D} = \dfrac{0.37 \times 80^2}{8 \times 0.8} = 370 [\text{kg}]$

**54** ⑤

1[km]당 지지물 경간이 200[m]이므로 지지물 수는 5개가 된다.

그러므로 1[km]당 합성저항

$R = \dfrac{4 \times 1,500 \times 10^6}{5} = \dfrac{6}{5} \times 10^9 [\varOmega]$

컨덕턴스 $G = \dfrac{1}{R} = \dfrac{5}{6} \times 10^{-9} = 0.83 \times 10^{-9} [\mho]$

**55** ⑤

캐스케이딩 현상은 변압기에 고장이 발생하였을 경우 2차 고장이 제거되지 않고 장기간 계속되거나 고장제거에 실패하면 2차 퓨즈의 대부분이 끊어지고 변압기가 소손되는 등 고장이 전역에 파급되는 현상을 말한다.
뱅킹 배전방식으로 운전 중이던 건전한 변압기의 일부에 고장이 발생하면 부하가 다른 건전한 변압기에 걸려서 고장이 확대되는 것이다.

**1** ⑤

① 캡슐 커피라는 신제품을 통해 경쟁의 축을 바꿈으로써 시장을 선도하였다.

② 전체적인 구조조정을 통한 원가 혁신을 단행했다.

③ 시계를 패션 아이템으로 차별화하였다.

④ 경쟁의 범위를 솔루션 영역으로 확장하였다.

**2** ④

한국의 관광 관련 고용자 수는 50만 명으로 전체 2% 수준이다. 이를 세계 평균 수준인 8% 이상으로 끌어올리려면 150만 여명 이상을 추가로 고용해야 한다. 백만 달러당 50명의 일자리가 추가로 창출되므로 150만 명 이상을 추가로 고용하려면 대략 300억 달러 이상이 필요하다.

① 약 1조 8,830억 달러 정도이다.

② 2017년 기준으로 지난해인 2016년도의 내용이므로 2015년의 종사자 규모는 알 수 없다. 2016년 기준으로는 전 세계 통신 산업의 종사자는 자동차 산업의 종사자의 약 3배 정도이다.

③ 간접 고용까지 따지면 2억 5,500만 명이 관광과 관련된 일을 하고 있어, 전 세계적으로 근로자 12명 가운데 1명이 관광과 연계된 직업을 갖고 있는 셈이다. 추측해보면 2017년 전 세계 근로자 수는 20억 명을 넘는다.

⑤ 2010년부터 2030년 사이 이 지역으로 여행하는 관광객이 연평균 9.7% 성장하여 2030년 5억 6,500만 명이 동북아시아를 찾을 것으로 전망했으므로 2020년에 동북아시아를 찾는 관광객의 수는 연간 약 2억 8,000명을 넘을 수 없다.

**3** ①

"을"인 ○○발전이 "갑"인 한국전력공사로부터 태양열 발전 장려금을 수령하여 신청자에게 지급하는 것이 태양열 발전 장려금의 지급 흐름이 된다. 또한 이 경우, ○○발전은 한국전력공사의 요청에 의해 장려금 지급에 대한 사용실적 등의 내역을 열람할 수 있도록 해야 할 의무가 있을 것이다. 따라서 빈칸은 을 – 을 – 갑 – 갑의 순으로 채워지는 것이 타당하다.

**4** ③

내규에 따르면 뇌물로 인정되기 위해서는 그것이 직무에 관한 것이어야 하는데, '직무'란 임직원 또는 중재인의 권한에 속하는 직무행위 그 자체뿐만 아니라 직무와 밀접한 관계가 있는 행위를 말한다. C의 경우 홍보부 가짜뉴스 대응팀 직원이므로 외국인 산업연수생에 대한 관리업체 선정은 C의 권한에 속하는 직무행위이거나 직무와 밀접한 관계에 있는 행위라고 볼 수 없으므로 뇌물에 관한 죄에 해당하지 않는다.

**5** ④

④ 혼인이나 제사 따위의 관혼상제 같은 어떤 의식을 치르다.

① 사람이 어떤 장소에서 생활을 하면서 시간이 지나가는 상태가 되게 하다.

② 서로 사귀어 오다.

③ 과거에 어떤 직책을 맡아 일하다.

⑤ 계절, 절기, 방학, 휴가 따위의 일정한 시간을 보내다.

**6** ①

부지 용도가 단독주택용지이고 토지사용 가능시기가 '즉시'라는 공고를 통해 계약만 이루어지면 즉시 이용이 가능한 토지임을 알 수 있다.

② 계약체결 후 남은 금액은 공급가격에서 계약금을 제외한 33,250,095,000원이다. 이를 무이자로 3년간 6회에 걸쳐 납부해야 하므로 첫 번째 내야 할 중도금은 5,541,682,500원이다.

③ 규모 400㎡의 단독주택용지를 주택건설업자에게 분양하는 공고이다.

④ 계약금은 공급가격의 10%로 보증금이 더 적다.

⑤ 본 계약은 선착순 수의계약이다.

**7** ③

① 외부 전시장 사전 답사일인 7월 7일은 토요일이다.

② 丙 사원은 개인 주간 스케줄인 '홈페이지 전시 일정 업데이트' 외에 7월 2일부터 7월 3일까지 '브로슈어 표지 이미지 샘플조사'를 하기로 결정되었다.

④ 2018년 하반기 전시는 관내 전시장과 외부 전시장에서 열릴 예정이다.

⑤ 乙 사원은 7. 2(월)~7. 5(목)까지 상반기 전시 만족도 설문조사를 진행할 예정이다.


**8** ④

설문조사지는 조사의 목적에 적합한 결과를 얻을 수 있는 문항으로 작성되어야 한다. 제시된 설문조사는 보다 나은 제품과 서비스 공급을 위하여 브랜드 인지도를 조사하는 것이 목적이므로, 자사 자사의 제품이 고객들에게 얼마나 인지되어 있는지, 어떻게 인지되었는지, 전자제품의 품목별 선호 브랜드가 동일한지 여부 등 인지도 관련 문항이 포함되어야 한다.

④ 특정 제품의 필요성을 묻고 있으므로 자사의 브랜드 인지도 제고와의 연관성이 낮아 설문조사 항목으로 가장 적절하지 않다.


**9** ④

④ 다섯 번째 카드에서 교통약자석에 대한 인식 부족으로 교통약자석이 제 기능을 못하고 있다는 지적은 있지만, 그에 따른 문제점들을 원인에 따라 분류하고 있지는 않다.

① 첫 번째 카드

② 세 번째 카드

③ 네 번째 카드

⑤ 여섯 번째 카드


**10** ②

② 카드 뉴스는 신문 기사와 달리 글과 함께 그림을 비중 있게 제시하여 의미 전달을 효과적으로 하고 있다.

① 통계 정보는 (내)에서만 활용되었다.

③ 표제와 부제의 방식으로 제시한 것은 (내)이다.

④ 비유적이고 함축적인 표현들은 (가), (내) 모두에서 사용되지 않았다.

⑤ 신문 기사는 표정이나 몸짓 같은 비언어적 요소를 활용할 수 없다.


**11** ②

출발시각과 도착시각은 모두 현지 시각이므로 시차를 고려하지 않으면 A→B가 4시간, B→A가 12시간 차이가 난다. 비행시간은 양 구간이 동일하므로 $\dfrac{4+12}{2}=8$, 비행시간은 8시간이 된다.

비행시간이 8시간인데 시차를 고려하지 않은 A→B 구간의 이동시간이 4시간이므로 A가 B보다 4시간 빠르다는 것을 알 수 있다.


**12** ③

2017년을 기준으로 볼 때, 중앙값이 1억 8,525만 원이며, 평균이 3억 1,142만 원임을 알 수 있다. 중앙값이 평균값에 비해 매우 적다는 것은 소수의 사람들에게 순자산 보유액이 집중되어 있다는 것을 의미한다고 볼 수 있다.

① 순자산 보유액 구간의 중간인 '4~5' 미만 기준으로 구분해 보면, 상대적으로 순자산 보유액이 많은 가구가 적은 가구보다 2017년 비중이 전년보다 더 증가하였다.

② 주어진 표로 가구의 소득은 알 수 없다.

④ 전체의 66.1%를 차지한다.

⑤ 2016년 34.7%에서 2017년 34.1%로 0.6%p 줄었다.


**13** ③

③ 봉급이 193만 원 이라면 보수총액은 공제총액의 약 5.6배이다.

① 소득세는 지방소득세의 10배이다.

② 소득세가 공제총액에서 차지하는 비율은 약 31%이다.

④ 시간외수당은 정액급식비와 20만 원 차이난다.

⑤ 공제총액에서 차지하는 비율이 가장 낮은 것은 장기요양보험료(9,800원)이다.

**14** ②

정전사고와 전기화재 건수 단위가 다른 것에 주의하여 계산해 보면, 2012년부터 정전사고와 전기화재 건수의 합은 각각 350,392건, 334,092건, 341,762건, 354,621건, 336,292건으로 지속적으로 감소한 것은 아님을 알 수 있다.

**15** ④

2006년의 총 인구 수가 1천만 명이라면 총 자동차 감전사고 건수는 $1,000 \times 3.1 = 3,100$건이 된다. 2016년의 총 인구 수를 $x$라 하면, 2016년의 총 감전사고 건수가 3,100건이 되기 위해서는 $10,000 : 1.7 = x : 3,100$이 성립해야 한다.

따라서 $x = 10,000 \times 3,100 \div 1.7 = 18,235,294 \rightarrow$ 18,235천 명이 된다.

**16** ①

㉠ '거리 = 속도 × 시간'이므로,
- 정문에서 후문까지 가는 속도 : 20m/초 = 1,200m/분
- 정문에서 후문까지 가는데 걸리는 시간 : 5분
- 정문에서 후문까지의 거리 : $1200 \times 5 = 6,000$m

㉡ 5회 왕복 시간이 70분이므로,
- 정문에서 후문으로 가는데 소요한 시간 : 5회 × 5분 = 25분
- 후문에서 정문으로 가는데 소요한 시간 : 5회 × $x$분
- 쉬는 시간 : 10분
- 5회 왕복 시간 : $25 + 5x + 10$분 $= 70$분

∴ 후문에서 정문으로 가는데 걸린 시간 $x = 7$분

**17** ④

㉠ 2006년 대비 2010년의 청소기 매출액 증가율이 62.5%이므로,

2010년의 매출액을 $x$라 하면,

$\dfrac{x - 320}{320} \times 100 = 62.5$, ∴ $x = 520$(억 원)

㉡ 2002년 대비 2004년의 청소기 매출액 감소율이 10%이므로,

2002년의 매출액을 $y$라 하면,

$\dfrac{270 - y}{y} \times 100 = -10$, ∴ $y = 300$(억 원)

∴ 2002년과 2010년의 청소기 매출액의 차이
: $520 - 300 = 220$(억 원)

**18** ③

㉠ 융합서비스의 생산규모 2006년에 전년대비 1.2배가 증가하였으므로,
- ㈎는 $3.5 \times 1.2 = 4.2$가 되고
- ㈏는 $38.7 + 9.0 + 4.2 = 51.9$가 된다.

㉡ 2007년 정보기기의 생산규모는 전년대비 3천억 원이 감소하였으므로,
- ㈐는 $71.1 - (47.4 + 13.6) = 10.1$이고
- ㈑는 $10.1 + 3 = 13.1$이고,
- ㈒는 $43.3 + 13.1 + 15.3 = 71.7$이다.

따라서 ㈓는 ㈏ + ㈒ = $51.9 + 71.7 = 123.6$이다.

**19** ①

㉠ B사 주가의 최댓값은 57(백 원)

㉡ 월별 주가지수는
- 1월 주가지수 $= \dfrac{5000 + 6000}{5000 + 6000} \times 100 = 100.0$
- 2월 주가지수 $= \dfrac{4000 + 6000}{5000 + 6000} \times 100 ≒ 90.9$
- 3월 주가지수 $= \dfrac{5700 + 6300}{5000 + 6000} \times 100 ≒ 109.1$
- 4월 주가지수 $= \dfrac{4500 + 5900}{5000 + 6000} \times 100 ≒ 94.5$
- 5월 주가지수 $= \dfrac{3900 + 6200}{5000 + 6000} \times 100 ≒ 91.8$
- 6월 주가지수 $= \dfrac{5600 + 5400}{5000 + 6000} \times 100 = 100.0$

∴ 주가지수의 최솟값은 90.9(2월)이다.

**20** ③

주어진 자료를 근거로 괄호 안의 숫자를 채우면 다음과 같다.

| 구분 | 2015년 | 2016년 |
|---|---|---|
| 남(초) + 여(초) | $260 - 22 = 238$ | $(241 + 238 + x) \div 3$ $= 233, \ x = 220$ |
| 남(재) + 여(초) | $15 - 4 = 11$ | $(14 + 11 + x) \div 3$ $= 12, \ x = 11$ |
| 남(초) + 여(재) | $19 - 4 = 15$ | $(16 + 15 + x) \div 3$ $= 16, \ x = 17$ |
| 남(재) + 여(재) | $41 - 7 = 34$ | $(33 + 34 + x) \div 3$ $= 33, \ x = 32$ |

따라서 ㉠은 초혼 남자이므로 '남(초) + 여(초)'인 220명과 '남(초) + 여(재)'인 17명의 합인 237명이 되며, ㉡은 재혼 남자이므로 '남(재) + 여(초)'인 11명과 '남(재) + 여(재)'인 32명의 합인 43명이 된다.

**21** ④

⑺ 매년 '남(초) + 여(재)'의 건수가 '남(재) + 여(초)'의 건수보다 많으므로 타당한 판단이라고 볼 수 있다.

⑷ 이혼율 관련 자료가 제시되지 않아 이혼율과 초혼 간의 혼인율의 상관관계를 판단할 수 없다.

⒁ 여성의 재혼 건수는 2008년, 2010년, 2012년에 전년보다 증가하였다. 이때 남성의 재혼 건수도 전년보다 증가하였으므로 타당한 판단이다.

⒂ 2016년에는 10년 전보다 초혼, 재혼 등 모든 항목에 있어서 큰 폭의 감소를 나타내고 있다.

따라서 타당한 판단은 ⑺와 ⒁이다.

**22** ⑤

| 직원 | 성공추구 경향성과 실패회피 경향성 | 성취행동 경향성 |
|---|---|---|
| A | 성공추구 경향성 $=3 \times 0.7 \times 0.2 = 0.42$ | $= 0.42 - 0.24 = 0.18$ |
| A | 실패회피 경향성 $=1 \times 0.3 \times 0.8 = 0.24$ | |
| B | 성공추구 경향성 $=2 \times 0.3 \times 0.7 = 0.42$ | $= 0.42 - 0.21 = 0.21$ |
| B | 실패회피 경향성 $=1 \times 0.7 \times 0.3 = 0.21$ | |
| C | 성공추구 경향성 $=3 \times 0.4 \times 0.7 = 0.84$ | $= 0.84 - 0.36 = 0.48$ |
| C | 실패회피 경향성 $=2 \times 0.6 \times 0.3 = 0.36$ | |

**23** ③

인천에서 모스크바까지 8시간이 걸리고, 6시간이 인천이 더 빠르므로

$09 : 00$시 출발 비행기를 타면 $9 + (8 - 6) = 11$시 도착

$19 : 00$시 출발 비행기를 타면 $19 + (8 - 6) = 21$시 도착

$02 : 00$시 출발 비행기를 타면 $2 + (8 - 6) = 4$시 도착

**24** ①

② 흑수부는 백산부의 북서쪽에 있다.

③ 백산부는 불열부의 남쪽에 있다.

④ 안차골부는 속말부의 동북쪽에 있다.

⑤ 안차골부는 고구려에 인접해 있지 않다.

**25** ⑤

• A가 거짓말을 하는 경우 : C의 말에 의해 E도 거짓말을 하기 때문에 조건에 맞지 않는다.

• B가 거짓말을 하는 경우 : A도 거짓말을 하기 때문에 조건에 맞지 않는다.

• C가 거짓말을 하는 경우 : A, E가 참이기 때문에 E의 진술에 의해 D도 거짓말이기 때문에 조건에 맞지 않는다.

• D가 거짓말을 하는 경우 : C의 말에 의해 E도 거짓말을 하기 때문에 조건에 맞지 않는다.

**26** ③

① A 단체는 자유무역협정을 체결한 필리핀에 드라마 콘텐츠를 수출하고 있지만 올림픽과 관련된 사업은 하지 않는다. 최종 선정 시 올림픽 관련 단체를 엔터테인먼트 사업 단체보다 우선하므로 B, C와 같이 최종 후보가 된다면 A는 선정될 수 없다.

② 올림픽의 개막식 행사를 주관하는 모든 단체는 이미 보건복지부로부터 지원을 받고 있다. B 단체는 올림픽의 개막식 행사를 주관하는 단체이다. → B 단체는 선정될 수 없다.

③ A와 C 단체 중 적어도 한 단체가 최종 후보가 되지 못한다면, 대신 B와 E 중 적어도 한 단체는 최종 후보가 된다. 보기 ②⑤를 통해 B, E 단체를 후보가 될 수 없다. 후보는 A와 C가 된다.

④ D가 최종 후보가 된다면, 한국과 자유무역협정을 체결한 국가와 교역을 하는 단체는 모두 최종 후보가 될 수 없다. D가 최종 후보가 되면 A가 될 수 없고 A가 된다면 D는 될 수 없다.

⑤ 후보 단체들 중 가장 적은 부가가치를 창출한 단체는 최종 후보가 될 수 없고, 한국 음식문화 보급과 관련된 단체의 부가가치 창출이 가장 저조하였다. E 단체는 오랫동안 한국 음식문화를 세계에 보급해 온 단체이다. →E 단체는 선정될 수 없다.

**27** ④

SWOT분석은 기업의 내부환경과 외부환경을 분석하여 강점(strength), 약점(weakness), 기회(opportunity), 위협(threat) 요인을 규정하고 이를 토대로 경영전략을 수립하는 기법이다. 기회 요인은 경쟁, 고객, 거시적 환경 등과 같은 외부환경으로 인해 비롯된 기회를 말한다.

④ 난공불락의 甲자동차회사는 위협 요인에 들어가야 한다.

**28** ③

• (라)를 통해 일본은 ㉠~㉠의 일곱 국가 중 4번째인 ㉣에 위치한다는 것을 알 수 있다.

• (가)와 (나)를 근거로 ㉠~㉢은 스웨덴, 미국, 한국이, ㉤~㉧은 칠레, 멕시코, 독일이 해당된다는 것을 알 수 있다.

• (다)에서 20%p의 차이가 날 수 있으려면, 한국은 ㉠이 되어야 한다. ㉠이 한국이라고 할 때, 일본을 제외한 ㉡, ㉢, ㉤, ㉥, ㉧ 국가의 조합으로 20%p의 차이가 나는 조합을 찾으면, (68 + 25)와 (46 + 27)뿐이다. 따라서 ㉢은 스웨덴, ㉥은 칠레, ㉧은 멕시코임을 알 수 있다.

• (가)와 (나)에 의하여 남은 ㉡은 미국, ㉤은 독일이 된다.

**29** ⑤

| | 한국어 | 영어 | 프랑스어 | 독일어 | 중국어 | 태국어 |
|---|---|---|---|---|---|---|
| 갑 | ○ | ○ | × | × | × | × |
| 을 | ○ | × | ○ | × | × | × |
| 병 | × | ○ | × | ○ | × | × |
| 정 | × | × | ○ | × | ○ | × |
| 무 | ○ | × | × | × | × | ○ |

**30** ①

㉠ 제인의 기준 : 가격 + 원료

| 평가기준 \ 제품명 | B | D | K | M |
|---|---|---|---|---|
| 원료 | 10 | 8 | 5 | 8 |
| 가격 | 4 | 9 | 10 | 7 |
| 총점 | 14 | <u>17</u> | 15 | 15 |

㉡ 데이먼의 기준 : 소비자 평가 총점

| 평가기준 \ 제품명 | B | D | K | M |
|---|---|---|---|---|
| 원료 | 10 | 8 | 5 | 8 |
| 가격 | 4 | 9 | 10 | 7 |
| 인지도 | 8 | 7 | 9 | 10 |
| 디자인 | 5 | 10 | 9 | 7 |
| 총점 | 27 | <u>34</u> | 33 | 32 |

㉢ 밀러의 기준 : 인지도 + 디자인

| 평가기준 \ 제품명 | B | D | K | M |
|---|---|---|---|---|
| 인지도 | 8 | 7 | 9 | 10 |
| 디자인 | 5 | 10 | 9 | 7 |
| 총점 | 13 | 17 | <u>18</u> | 17 |

㉣ 휴즈의 기준 : 원료 + 가격 + 인지도

| 평가기준 \ 제품명 | B | D | K | M |
|---|---|---|---|---|
| 원료 | 10 | 8 | 5 | 8 |
| 가격 | 4 | 9 | 10 | 7 |
| 인지도 | 8 | 7 | 9 | 10 |
| 총점 | 22 | 24 | 24 | <u>25</u> |

㉤ 구매 결과

| 제인 | 데이먼 | 밀러 | 휴즈 |
|---|---|---|---|
| D | D | K | M |

**31** ⑤

회의 시간이 런던을 기준으로 11월 1일 9시이므로, 이때 서울은 11월 1일 18시, 시애틀은 11월 1일 2시이다.

- 甲은 런던을 기준으로 말했으므로 甲이 프로젝트에서 맡은 업무를 마치는 시간은 런던 기준 11월 1일 22시로, 甲이 맡은 업무를 마치는 데 필요한 시간은 22 − 9 = 13시간이다.

- 乙은 시애틀을 기준으로 이해하고 말했으므로 乙은 甲이 말한 乙이 말한 다음날 오후 3시는 시애틀 기준 11월 2일 15시이다. 乙은 甲이 시애틀을 기준으로 11월 1일 22시에 맡은 일을 끝내 줄 것이라고 생각하였으므로, 乙이 맡은 업무를 마치는 데 필요한 시간은 2 + 15 = 17시간이다.

- 丙은 서울을 기준으로 말했으므로 丙이 말한 모레 오전 10시는 11월 3일 10시이다. 丙은 乙이 서울을 기준으로 11월 2일 15시에 맡은 일을 끝내 줄 것이라고 생각하였으므로, 丙이 맡은 업무를 마치는 데 필요한 시간은 9 + 10 = 19시간이다.

따라서 계획대로 진행될 경우 甲, 乙, 丙이 맡은 업무를 끝내는 데 필요한 총 시간은 13 + 17 + 19 = 49시간으로, 2일하고 1시간이라고 할 수 있다. 이를 서울 기준으로 보면 11월 1일 18시에서 2일하고 1시간이 지난 후이므로, 11월 3일 19시이다.

**32** ④

보기1에 의하면 네 개 지역 총 선거인수가 817,820명이며 영덕군과 포항시의 총 선거인수를 더하여 40만 명이 넘어야 하므로 ㉣은 반드시 영덕군 또는 포항시가 된다.

보기2에 의하면 영덕군과 군산시의 기표소 투표자 합이 10만 명을 넘지 않아야 하므로 ㉣은 영덕군과 군산시가 될 수 없음을 알 수 있다. 따라서 보기1과 보기2에 의해 ㉣은 포항시가 될 수밖에 없다. 또한 영덕군과 군산시는 ㉠과 ㉢ 또는 ㉡과 ㉢중 한 지역이어야 한다.

보기3에 의해 경주시, 영덕군과 각각 5.1%p의 찬성률 차이를 보이는 ㉡이 영덕군이 됨을 알 수 있다. 따라서 ㉢이 군산시가 되며, 나머지 ㉠이 경주시가 됨을 알 수 있다.

**33** ③

채무자인 乙이 실제 수령한 금액인 1,200만 원을 기준으로 최고연이자율 연 30%를 계산하면 360만 원이다. 그런데 선이자 800만 원을 공제하였으므로 360만 원을 초과하는 440만 원은 무효이며, 약정금액 2,000만 원의 일부를 변제한 것으로 본다. 따라서 1년 후 乙이 갚기로 한 날짜에 甲에게 전부 변제하여야 할 금액은 2,000 − 440 = 1,560만 원이다.

**34** ③

A씨 소유 대지의 면적은 15 × 20 = 300㎡이며, 제2종 일반주거지역이므로 최대 60%의 건폐율과 250%의 용적률이 적용된다. 건물의 한 면 길이가 18m로 주어져 있으므로 나머지 한 면의 길이를 $x$라 할 때, 제시된 산식에 의하여 건폐율 60 ≧ (18 × $x$) ÷ 300 × 100이 되므로 $x$ ≧ 10이다. 따라서 A씨는 최대 18m × 10m의 건축물을 지을 수 있으므로 건축물의 면적은 180㎡가 된다.

다음으로 지상층 연면적을 $y$라고 할 때, 용적률 산식에 대입해 보면 250 ≧ $y$ ÷ 300 × 100이므로 $y$ ≧ 750이다. 따라서 750 ÷ 180 = 4.1666…이므로 최대 층수는 4층이 된다.

**35** ④

런던 현지 시각 8월 10일 오전 10시 이전에 행사장에 도착하여야 한다.

그리고 런던 현지 시각이 서울보다 8시간 느리며, 입국 수속에서 행사장 도착까지 4시간이 소요된다는 것을 잊지 말아야 한다.

① 총 소요시간 : 7 + 12 + 4 = 23시간
행사장 도착 시각 : 19 : 30 + 23 − 8 = 익일 10 : 30

② 총 소요시간 : 5 + 13 + 4 = 22시간
행사장 도착 시각 : 20 : 30 + 22 − 8 = 익일 10 : 30

③ 총 소요시간 : 3 + 12 + 4 = 19시간
행사장 도착 시각 : 23 : 30 + 19 − 8 = 익일 10 : 30

④ 총 소요시간 : 11 + 4 = 15시간
행사장 도착 시각 : 02 : 30 + 15 − 8 = 09 : 30

⑤ 총 소요시간 : 9 + 4 = 13시간
행사장 도착 시각 : 05 : 30 + 13 − 8 = 10 : 30

**36** ⑤

① KTX $= (40 \times 8) + (30 \times 7) + (20 \times 5) + (10 \times 7)$
$= 320 + 210 + 100 + 70 = 700$

② 고속버스
$= (40 \times 5) + (30 \times 8) + (20 \times 8) + (10 \times 7)$
$= 200 + 240 + 160 + 70 = 670$

③ 승용차 $= (40 \times 4) + (30 \times 8) + (20 \times 3) + (10 \times 5)$
$= 160 + 240 + 60 + 50 = 510$

④ 자전거 $= (40 \times 1) + (30 \times 1) + (20 \times 9) + (10 \times 1)$
$= 40 + 30 + 180 + 10 = 260$

⑤ 비행기 $= (40 \times 9) + (30 \times 7) + (20 \times 4) + (10 \times 7)$
$= 360 + 210 + 80 + 70 = 720$

그러므로 정수는 보완적 평가방식을 사용하여 종합평가지수가 가장 높은 비행기를 선택하게 된다.

**37** ③

책꽂이 20개를 제작하기 위해서는 칸막이 80개, 옆판 40개, 아래판 20개, 뒤판 20개가 필요하다. 재고 현황에서 칸막이는 40개, 옆판 30개가 있으므로 추가적으로 필요한 칸막이와 옆판의 개수는 각각 40개, 10개이다.

**38** ⑤

완성품 납품 개수는 총 100개이다. 완성품 1개당 부품 A는 10개가 필요하므로 총 1,000개가 필요하고, B는 300개, C는 500개가 필요하다. 이때 각 부품의 재고 수량에서 A는 500개를 가지고 있으므로 필요한 1,000개에서 가지고 있는 500개를 빼면 500개의 부품을 주문해야 한다. 이와 같이 계산하면 부품 B는 180개, 부품 C는 250개를 주문해야 한다.

**39** ①

• 직무 분석 결과에 따른 인사 배치는 '적재적소 배치의 원칙'을 적용한 것이다.
• 기업 부설 연수원에서 교육을 실시하는 것은 Off JT 형태이다.
• 건강 강좌를 제공하는 것은 법정 외 복리 후생 제도이다.

**40** ③

ⓒ 최초 제품 생산 후 4분이 경과하면 두 번째 제품이 생산된다.

A 공정에서 E 공정까지 첫 번째 완제품을 생산하는 데 소요되는 시간은 12분이다. C 공정의 소요 시간이 2분 지연되어도 동시에 진행되는 B 공정과 D 공정의 시간이 7분이므로, 총소요시간에는 변화가 없다.

**41** ②

$$Q_C = P(\tan\theta_1 - \tan\theta_2)$$
$$= \frac{P}{\eta}\left(\frac{\sin\theta_1}{\cos\theta_1} - \frac{\sin\theta_2}{\cos\theta_2}\right) = \frac{3 \times 746}{0.9}\left(\frac{0.6}{0.8} - \frac{0}{1}\right)$$
$$= 1,864.999 = 1,865 [\text{VA}]$$

**42** ②

$$P = \frac{W}{t} = \frac{\frac{1}{2}CV^2}{t}$$

반구도체의 $C = 2\pi\epsilon_0 a\,[\text{F}]$

$$P = \frac{\frac{1}{2} \times 2\pi \times 8.85 \times 10^{-12} \times 0.5 \times (10^6)^2}{10^{-5}}$$
$$= 1,390 [\text{kW}]$$

**43** ②

전압강하율 $\%e \propto \dfrac{1}{V^2}$ 이므로 $\dfrac{1}{\left(\dfrac{200}{100}\right)^2} = \dfrac{1}{4}$

**44** ④

1시간당 평균전력 $P = \dfrac{72,000}{30 \times 24} = 100\,[\text{kW}]$

부하율 $F = \dfrac{\text{평균전력}}{\text{최대수용전력}} \times 100$
$$= \frac{100}{200} \times 100 = 50\,[\%]$$

**45** ③

**부등률** … 계통의 각 구간에서 2개 이상의 수요가 있는 경우 각각의 최대 합계치와 그 수요를 1개의 부하로 모두 합친 경우의 최대와의 비율을 백분율로 표시한 것을 말한다. 부등률이 적어지면 전력 소비기기는 동시에 사용될 확률이 높아지게 된다.

**46** ②

부하전류

$$I = \frac{W}{\sqrt{3} \times V \cos\theta} = \frac{20}{\sqrt{3} \times 0.2 \times 0.8} = 72.17 [A]$$

전압강하 $e = \sqrt{3} \, I(r\cos\theta + X\sin\theta)$
$$= \sqrt{3} \times 72.17 \times (0.02 \times 0.8 + 0 \times 0.6)$$
$$= 1.999 \fallingdotseq 2 [V]$$

**47** ③

전력손실률 $P_c \propto \dfrac{1}{V^2} = \dfrac{1}{\left(\dfrac{22.9}{3.3}\right)^2} = \dfrac{1}{48}$

공급전력 $W \propto V^2 = \left(\dfrac{22.9}{3.3}\right)^2 = 48$

**48** ⑤

전력용 콘덴서 용량 $Q_c = W(\tan\theta_1 - \tan\theta_2)$

변전설비 용량

$$W = \frac{Q_c}{\tan\theta_1 - \tan\theta_2} = \frac{2,800}{\dfrac{0.8}{0.6} - \dfrac{0.6}{0.8}} = 4,800 [kW]$$

**49** ⑤

각 상에 속하는 전선 a, b, c가 선로 전구간에 완전히 일순하도록 위치를 바꿔주는 것을 연가라고 하며 연가를 실시하는 목적은 선로정수를 평형시켜 유도장해를 방지하는 것이다.

연가를 실시하게 되면 전선의 등가높이가 평균화되어 대지정전용량이 감소하고, 선로정수가 평형이 되므로 통신선의 유도장해를 감소시키게 된다.

**50** ④

조상설비용량

$$Q = \frac{4}{154} \times 10,000 = 259.7 \fallingdotseq 260 [MVA]$$

**51** ③

**한류 리액터** … 단락 고장에 대하여 고장 전류를 제한하기 위해서 회로에 직렬로 접속되는 리액터이다. 단락 전류에 의한 기계의 기계적 및 열적장해를 방지하고, 차단해야 할 전류를 제한하여 차단기의 소요 차단용량을 경감하는 용도에 사용된다. 일반적으로 불변인덕턴스를 갖는 공심형 건식이나 또는 유입식이 사용된다.

**52** ①

보호계전기의 응동시간에 따른 분류

㉠ **반한시 계전기** : 동작전류가 커질수록 동작시간이 짧게 되는 특성을 가진 것

㉡ **정한시 계전기** : 동작전류의 크기에 관계없이 일정한 시간에 동작하는 것

㉢ **정한시 반한시 계전기** : 동작전류가 적은 동안에는 반한시 특성이 되고, 그 이상에는 정한시 특성이 되는 것

㉣ **순시 계전기** : 최소동작전류 이상의 전류가 흐르면 즉시 동작하는 것

㉤ **계단식 계전기** : 한시치가 다른 계전기와 조합하여 계단적인 한시 특성을 가진 것

**53** ③

발전소의 출력

㉠ **상시출력** : 1년을 통하여 355일 이상 발생할 수 있는 출력

㉡ **상시 첨두출력** : 1년을 통하여 355일 이상 매일 첨두부하시에 일정시간에 한해서 발생할 수 있는 출력

㉢ **최대출력** : 발생할 수 있는 최대의 출력

㉣ **특수출력** : 매일의 시간적 조정을 하지 않고 발생할 수 있는 출력

㉤ **보급출력** : 갈수기에 저수지를 써서 항상 발생할 수 있는 출력

ⓑ **예비출력** : 고장, 사고의 경우 부족한 전력을 보충할 목적으로 시설된 설비에 의해 발생되는 출력

**54** ③

열량 $860P = 5,000 \times 1,000 \times 0.2$의 식을 변형하면

$$P = \frac{WC\eta}{860} = \frac{5,000 \times 1,000 \times 0.2}{860} = 1,162.79 = 1,163$$

[kWh]

**55** ②

몰드변압기의 특징

㉠ 가스 발생이 없고, 반응 수축이 적다.

㉡ 금속체 접착력이 매우 강하다.

㉢ 내약품성, 내수성, 내열성이 우수하다.

㉣ 내열성 에폭시 수지를 몰드하여 난연성이다.

㉤ 몰드 코일 표면에 에폭시 수지로 싸여 있으므로 감전에 안전하다.

㉥ 장기간 방치하여도 습기 등 오손에 의한 절연성능이 변하지 않고 절연물이 경련 변화도 없다.

㉦ 무부하 손실 저감 및 저소음화 되어 있다.

**1** ④

국제사회와 빚고 있는 무역갈등은 자국의 이기주의 또는 보호무역주의에 의한 또 다른 문제로 볼 수 있으며, 제시된 기후변화와 화석에너지 정책의 변화 내용과는 관련이 없는 내용이라고 할 수 있다. 트럼프 행정부의 에너지 정책 추진에 관한 내용과 에너지원 활용 현황, 국제사회와의 협약 이행 여부 관찰 등은 모두 제시글의 말미에서 정리한 서론의 핵심 내용을 설명하기 위해 전개하게 될 사항들이다.

**2** ③

발전소에서 생산된 전기는 변전소로 이동하기 전, 전압을 높이고 전류를 낮추는 승압(A) 과정을 거쳐 송전(B)된다. 또한 변전소에 공급된 전기는 송전 전압보다 낮은 전압으로 만들어져 여러 군데로 배분되는 배전(C) 과정을 거치게 되는데, 배전 과정에서 변압기를 통해 22.9KV의 전압을 가정에서 사용할 수 있는 최종 전압인 220V로 변압(D)하게 된다. 따라서 빈칸에 알맞은 말은 순서대로 '승압, 송전, 배전, 변압'이 된다.

**3** ①

상사가 '다른 부분은 필요 없고, 어제 원유의 종류에 따라 전일 대비 각각 얼마씩 오르고 내렸는지 그 내용만 있으면 돼.'라고 하였다. 따라서 어제인 13일자 원유 가격을 종류별로 표시하고, 전일 대비 등락 폭을 한눈에 파악하기 쉽게 기호로 나타내 줘야 한다. 또한 '우리나라는 전국 단위만 표시하도록' 하였으므로 13일자 전국 휘발유와 전국 경유 가격을 마찬가지로 정리하면 ①과 같다.

**4** ③

밑줄 친 '열고'는 '모임이나 회의 따위를 시작하다.'의 뜻으로 쓰였다. 따라서 이와 의미가 동일하게 쓰인 것은 ③이다.
① 닫히거나 잠긴 것을 트거나 벗다.
② 사업이나 경영 따위의 운영을 시작하다.
④ 새로운 기틀을 마련하다.
⑤ 자기의 마음을 다른 사람에게 터놓거나 다른 사람의 마음을 받아들이다.

**5** ④

마지막 단락에서 언급하고 있는 바와 같이 신혼부부 가구의 추가적인 자녀계획 포기는 경제적 지원 부족보다는 자녀양육 환경문제에 가장 크게 기인한다. 따라서 여성에게 경제적 지원을 늘린다고 인구감소를 막을 수 있는 것은 아니다.

**6** ③

ⓒ은 3년간 축제 참여 현황을 통해 나타난 사실에 대한 언급이다. 나머지 ㉠, ㉡, ㉣ ㉤은 화자의 생각이자 예측으로, 사실이 아닌 의견으로 구분할 수 있다.

**7** ③

③ 제1조에 을(乙)은 갑(甲)에게 계약금→중도금→ 잔금 순으로 지불하도록 규정되어 있다.
① 제1조에 중도금은 지불일이 정해져 있으나, 제5조에 '중도금 약정이 없는 경우'가 있을 수 있음이 명시되어 있다.
② 제4조에 명시되어 있다.
④ 제5조의 규정으로, 을(乙)이 갑(甲)에게 중도금을 지불하기 전까지는 을(乙), 갑(甲) 중 어느 일방이 본 계약을 해제할 수 있다. 단, 중도금 약정이 없는 경우에는 잔금 지불하기 전까지 계약을 해제할 수 있다.
⑤ 제6조에 명시되어 있다.

**8** ③

㉠ 남1의 발언에는 두 명의 성인 남녀라는 조건만 있을 뿐 민족과 국적에 대한 언급은 없다. 따라서 민족과 국적이 서로 다른 두 성인 남녀가 결혼하여 자녀를 입양한 가정은 가족으로 인정할 수 있다.

ⓛ 여1은 동성 간의 결합을 가족으로 인정하고 지지할 수 있지만, 남2는 핵가족 구조를 전통적인 성역할에 기초한다고 보기 때문에 동성 간의 결합을 가족으로 인정하고 지지하지 않을 것이다.

ⓒ 남2는 여성의 경제활동 참여율 증가를 전통적인 가족 기능의 위기를 가져오는 심각한 사회문제로 보고 있다. 따라서 여성의 경제활동 참여를 지원하는 아동보육시설의 확대정책보다는 아동을 돌보는 어머니에게 매월 일정액을 지급하는 아동수당 정책을 더 선호할 것이다.

ⓔ 여2는 남성 혼자서 가족을 부양하기 어려운 현실을 지적하며 남녀 모두 경제활동에 참여할 수 있도록 지원하는 국가의 정책이 필요하다고 보는 입장이다. 따라서 여성 직장인이 휴직을 해야 하는 육아휴직 확대정책보다는 여성의 경제활동이 유지될 수 있도록 육아도우미의 가정파견을 전액 지원하는 국가정책을 더 선호할 것이다.

**9  ①**

말다…'말고' 꼴로 명사의 단독형과 함께 쓰여 '아니고'의 뜻을 나타낸다.

② 밥이나 국수 따위를 물이나 국물에 넣어서 풀다.

③ 종이나 김 따위의 얇고 넓적한 물건에 내용물을 넣고 돌돌 감아 싸다.

④⑤ 어떤 일이나 행동을 하지 않거나 그만두다.

**10  ①**

밑줄 친 부분은 "B 혜택(Benefits)"을 가시화시켜 설명하는 단계로 제시하는 이익이 고객에게 반영되는 경우 실제적으로 발생할 상황을 공감시키는 과정이다. 지문에서는 "가장 소득이 적고 많은 비용이 들어가는 은퇴시기"라고 실제 발생 가능한 상황을 제시하였다. 또한, 이해만으로는 설득이 어렵기 때문에 고객이 그로 인해 어떤 변화를 얻게 되는지를 설명하는데 지문에서는 보험 가입으로 인해 "편안하게 여행을 즐기시고 또한 언제든지 친구들을 부담 없이 만나"에서 그 내용을 알 수 있으며 이는 만족, 행복에 대한 공감을 하도록 유도하는 과정이다.

**11  ③**

선택한 4개의 날짜 중 가장 첫 날짜를 $x$라고 하면 선택되는 네 날짜는 $x+1$, $x+7$, $x+8$이다. 선택

한 4개의 날짜의 합이 88이 되려면,

$x+(x+1)+(x+7)+(x+8)=4x+16=88$이 므로 $x=18$이고 선택된 4개의 날짜는 18, 19, 25, 26이 된다.

따라서 4개의 날짜 중 가장 마지막 날짜는 26일이다.

**12  ③**

③ 각 상품의 주문금액 대비 신용카드 결제금액 비율은 다음과 같다. 주문금액 대비 신용카드 결제금액 비율이 가장 낮은 상품은 '캠핑용품세트'이다.

| 캠핑용품세트 | $\frac{32,700}{45,400} \times 100 = 72.0\%$ |
|---|---|
| 가을스웨터 | $\frac{48,370}{57,200} \times 100 = 84.6\%$ |
| 샴푸 | $\frac{34,300}{38,800} \times 100 = 88.4\%$ |
| 에코백 | $\frac{7,290}{9,200} \times 100 = 79.2\%$ |

① 전체 할인율은 $\frac{22,810}{150,600} \times 100 = 15.1\%$이다.

② 각 상품의 할인율은 다음과 같다. 할인율이 가장 높은 상품은 '캠핑용품세트'이다.

| 캠핑용품세트 | $\frac{4,540+4,860}{45,400} \times 100 = 20.7\%$ |
|---|---|
| 가을스웨터 | $\frac{600+7,970}{57,200} \times 100 = 15.0\%$ |
| 샴푸 | $\frac{38,800-35,800}{38,800} \times 100 = 7.7\%$ |
| 에코백 | $\frac{1,840}{9,200} \times 100 = 20.0\%$ |

④ 10월 전체 주문금액의 3%가 11월 포인트로 적립된다면 11월에 적립되는 포인트는 150,600 × 0.03 = 4,518원으로 10월 동안 사용한 포인트는 총 포인트는 5,130원보다 작다.

⑤ 각 상품의 결제금액 중 포인트로 결제한 금액이 차지하는 비율은 다음과 같다. 결제금액 중 포인트로 결제한 금액이 차지하는 비율이 두 번째로 낮은 상품은 '샴푸'이다.

| 캠핑용품세트 | $\frac{3,300}{36,000} \times 100 = 9.2\%$ |
|---|---|
| 가을스웨터 | $\frac{260}{48,630} \times 100 = 0.5\%$ |
| 샴푸 | $\frac{1,500}{35,800} \times 100 = 4.2\%$ |
| 에코백 | $\frac{1,840}{9,200} \times 100 = 20.0\%$ |

**13** ②

인사이동에 따라 A지점에서 근무지를 다른 곳으로 이동한 직원 수는 모두 32 + 44 + 28 = 104명이다. 또한 A지점으로 근무지를 이동해 온 직원 수는 모두 16 + 22 + 31 = 69명이 된다. 따라서 69 − 104 = −35명이 이동한 것이므로 인사이동 후 A지점의 근무 직원 수는 425 − 35 = 390명이 된다.

같은 방식으로 D지점의 직원 이동에 따른 증감 수는 83 − 70 = 13명이 된다. 따라서 인사이동 후 D지점의 근무 직원 수는 375 + 13 = 388명이 된다.


**14** ⑤

임대료는 선불 계산이므로 이번 달 임대료인 (540,000 + 350,000) ×1.1 = 979,000원은 이미 지불한 것으로 볼 수 있다. 오늘까지의 이번 달 사무실 사용일이 10일이므로 사용하지 않은 임대기간인 20일에 대한 금액인 $979,000 \times \frac{2}{3} = 652,667$원을 돌려받아야 한다. 또한 부가세를 포함하지 않은 1개월 치 임대료인 보증금 540,000 + 350,000 = 890,000원도 돌려받아야 하므로, 총 652,667 + 890,000 = 1,542,667원을 사무실 주인으로부터 돌려받아야 한다.


**15** ⑤

보완적 평가방식은 각 상표에 있어 어떤 속성의 약점을 다른 속성의 강점에 의해 보완하여 전반적인 평가를 내리는 방식을 의미한다. 보완적 평가방식에서 차지하는 중요도는 60, 40, 20이므로 이러한 가중치를 각 속성별 평가점수에 곱해서 모두 더하면 결과 값이 나오게 된다. 각 대안(열차종류)에 대입해 계산하면 아래와 같은 결과 값을 얻을 수 있다.

- KTX 산천의 가치 값
  = (0.6 × 3) + (0.4 × 9) + (0.2 × 8) = 7
- ITX 새마을의 가치 값
  = (0.6 × 5) + (0.4 × 7) + (0.2 × 4) = 6.6
- 무궁화호의 가치 값
  = (0.6 × 4) + (0.4 × 2) + (0.2 × 3) = 3.8
- ITX 청춘의 가치 값
  = (0.6 × 6) + (0.4 × 4) + (0.2 × 4) = 6
- 누리로의 가치 값
  = (0.6 × 6) + (0.4 × 5) + (0.2 × 4) = 6.4

조건에서 각 대안에 대한 최종결과 값 수치에 대한 반올림은 없는 것으로 하였으므로 종합 평가점수가 가장 높은 KTX 산천이 김정은과 시진핑의 입장에 있어서 최종 구매대안이 되는 것이다.


**16** ④

병원비 지원 기준에 따라 각 직원이 지원 받을 수 있는 내역을 정리하면 다음과 같다.

| A 직원 | 본인 수술비 300만 원(100% 지원), 배우자 입원비 50만 원(90% 지원) |
|---|---|
| B 직원 | 배우자 입원비 50만 원(90% 지원), 딸 수술비 200만 원(직계비속→80% 지원) |
| C 직원 | 본인 수술비 300만 원(100% 지원), 아들 수술비 400만 원(직계비속→80% 지원) |
| D 직원 | 본인 입원비 100만 원(100% 지원), 어머니 수술비 100만 원(직계존속→80% 지원), 남동생 입원비 50만 원(직계존속 신청 有→ 지원 ×) |

이를 바탕으로 A~D 직원 4명이 총 병원비 지원 금액을 계산하면 1,350만 원이다.

| A 직원 | 300 + (50 × 0.9) = 345만 원 |
|---|---|
| B 직원 | (50 × 0.9) + (200 × 0.8) = 205만 원 |
| C 직원 | 300 + (400 × 0.8) = 620만 원 |
| D 직원 | 100 + (100 × 0.8) = 180만 원 |


**17** ①

S→1→F 경로로 갈 경우에는 7명, S→3→2→F 경로로 갈 경우에는 11명이며, S→3→2→4→F 경로로 갈 경우에는 6명이므로, 최대 승객 수는 모두 더한 값인 24명이 된다.


**18** ②

주어진 조건에 의해 다음과 같이 계산할 수 있다.
{(1,000,000 + 100,000 + 200,000) × 12 + (1,000,000 × 4) + 500,000} ÷ 365 × 30 = 1,652,055원
따라서 소득월액은 1,652,055원이 된다.

**19** ②

차종별 주행거리에서 화물차는 2016년에 비해 2017년에 7.9% 증가하였음을 알 수 있다.

**20** ③

지방도로의 주행거리에서 가장 높은 수단과 가장 낮은 수단과의 주행거리 차이는 승용차의 주행거리에서 화물차의 주행거리를 뺀 값으로 (61,466 − 2,387 = 59,079km)이다.

**21** ②

①② 계약은 청약에 대한 승낙의 효력이 발생한 시점에 성립되므로 B의 승낙이 A에게 도달한 2018년 1월 14일에 성립된다.

③ 2018년 1월 15일까지 승낙 여부를 통지해 달라고 승낙기간을 지정하였으므로 청약은 철회될 수 없다.

④⑤ 청약에 대한 승낙은 동의의 의사표시가 청약자에게 도달하는 시점에 효력이 발생하므로 B의 승낙이 A에게 도달한 2018년 1월 14일에 성립된다.

**22** ②

② 행위자 A와 직·간접적으로 연결되는 모든 행위자들과의 최단거리는 1 − 5명(D, E, F, G, H), 2 − 1명(B), 3 − 4명(I, J, K, M), 4 − 1명(C), 5 − 4명(L, N, O, P)으로 총 43으로 행위자 A의 근접 중심성은 $\frac{1}{43}$이다.

행위자 B와 직·간접적으로 연결되는 모든 행위자들과의 최단거리는 1 − 5명(G, I, J, K, M), 2 − 2명(A, C), 3 − 8명(D, E, F, H, L, N, O, P)으로 총 33으로 행위자 B의 근접 중심성은 $\frac{1}{33}$이다.

**23** ⑤

첫 번째는 직계존속으로부터 증여받은 경우로, 10년 이내의 증여재산가액을 합한 금액에서 5,000만 원만 공제하게 된다.

두 번째 역시 직계존속으로부터 증여받은 경우로, 아버지로부터 증여받은 재산가액과 어머니로부터 증여받은 재산가액의 합계액에서 5,000만 원을 공제하게 된다.

세 번째는 직계존속과 기타친족으로부터 증여받은 경우로, 아버지로부터 증여받은 재산가액에서 5,000만 원을, 삼촌으로부터 증여받은 재산가액에서 1,000만 원을 공제하게 된다.

따라서 세 가지 경우의 증여재산 공제액의 합은 5,000 + 5,000 + 6,000 = 1억 6천만 원이 된다.

**24** ②

주어진 자료를 근거로, 다음과 같은 계산 과정을 거쳐 증여세액이 산출될 수 있다.

• 증여재산 공제 : 5천만 원
• 과세표준 : 1억 7천만 원 − 5천만 원 = 1억 2천만 원
• 산출세액 : 1억 2천만 원 × 20% − 1천만 원 = 1,400만 원
• 납부할 세액 : 1,400만 원 × 93% = 1,302만 원(자진신고 시 7% 공제)

**25** ④

일찍 출근하는 것과 직무 몰입도의 관계에 대해서 언급한 사람은 B와 C이다. 그러므로 일찍 출근을 하지만 직무에 몰입하지 않는 임직원이 많을수록 B와 C의 결론이 약화된다.

**26** ①

신입사원 오리엔테이션 당시 다섯 명의 자리 배치는 다음과 같다.

| 김 사원 | 이 사원 | 박 사원 | 정 사원 | 최 사원 |

확정되지 않은 자리를 SB(somebody)라고 할 때, D에 따라 가능한 경우는 다음의 4가지이다.

| ㉠ | 이 사원 | SB 1 | SB 2 | 정 사원 | SB 3 |
| ㉡ | SB 1 | 이 사원 | SB 2 | SB 3 | 정 사원 |
| ㉢ | 정 사원 | SB 1 | SB 2 | 이 사원 | SB 3 |
| ㉣ | SB 1 | 정 사원 | SB 2 | SB 3 | 이 사원 |

이 중 ㉠, ㉡은 B에 따라 불가능하므로, ㉢, ㉣의 경우만 남는다. 여기서 C에 따라 김 사원과 박 사원 사이에는 1명이 앉아 있어야 하므로 ㉢의 SB 2, SB 3과 ㉣의 SB 1, SB 2가 김 사원과 박 사원의 자리이다. 그런데 B에 따라 김 사원은 ㉣의 SB 1에 앉을 수

없고 박 사원은 ㉢, ㉣의 SB 2에 앉을 수 없으므로 다음의 2가지 경우가 생긴다.

| ㉢ | 정 사원 | SB 1<br>(최 사원) | 김 사원 | 이 사원 | 박 사원 |
| --- | --- | --- | --- | --- | --- |
| ㉣ | 박 사원 | 정 사원 | 김 사원 | SB 3<br>(최 사원) | 이 사원 |

따라서 어떤 경우에도 바로 옆에 앉는 두 사람은 김 사원과 최 사원이다.


**27** ②

마지막 조건에 의하면 첫 번째 자리 숫자가 1이 되며 세 번째 조건에 의해 가장 큰 수는 6이 되는데, 마지막 조건에서 오름차순으로 설정하였다고 하였으므로 네 번째 자리 숫자가 6이 된다. 두 번째 조건에서 곱한 수가 20보다 크다고 하였으므로 0은 사용되지 않았다. 따라서 (1××6) 네 자리 수의 합이 11이 되기 위해서는 1과 6을 제외한 두 번째와 세 번째 자리 수의 합이 4가 되어야 하는데, 같은 수가 연달아 한 번 반복된다고 하였으므로 (1136) 또는 (1226) 중 모두 곱한 수가 20보다 큰 (1226)이 된다.


**28** ③

조건에 따라 그림으로 나타내면 다음과 같다. 네 번째 술래는 C가 된다.

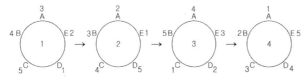


**29** ④

MBO는 기업 조직의 경우 단기적인 목표와 그에 따른 성과에만 급급하여 기업 조직의 사기 및 분위기나 문화 등이 경영환경에 대응해야만 하는 조직의 장기적인 안목에 대한 전략이 약화될 수 있으므로 주의해야 하며 동시에 목표설정의 곤란, 목표 이외 사항의 경시 가능성, 장기 목표의 경시 가능성 등의 문제점이 발생할 수 있다.


**30** ④

④ 수소를 제조하는 기술에는 화석연료를 열분해·가스화 하는 방법과 원자력에너지를 이용하여 물을 열화학분해하는 방법, 재생에너지를 이용하여 물을 전기분해하는 방법, 그리고 유기성 폐기물에서 얻는 방법 등 네 가지 방법이 있다.


**31** ②

각 영역의 '통과'와 '미통과'를 판단하면 다음과 같다. 모든 영역이 통과로 판단된 프로젝트인 C와 F는 전년과 동일한 금액을 편성해야 한다.

| 프로<br>젝트 | 계획의<br>충실성<br>(90점 이상) | 계획 대비<br>실적<br>(85점 이상) | 성과지표<br>달성도<br>(80점 이상) |
| --- | --- | --- | --- |
| A | 96→통과 | 95→통과 | 76→미통과 |
| B | 93→통과 | 83→미통과 | 81→통과 |
| C | 94→통과 | 96→통과 | 82→통과 |
| D | 98→통과 | 82→미통과 | 75→미통과 |
| E | 95→통과 | 92→통과 | 79→미통과 |
| F | 95→통과 | 90→통과 | 85→통과 |


**32** ①

각 프로젝트의 2018년도 예산 편성은 다음과 같다. 따라서 甲기업의 2018년도 A~F 프로젝트 예산 총액은 110억 원으로 2017년보다 10억 원 감소한다.

| 프로<br>젝트 | 예산 편성액 |
| --- | --- |
| A | 2개 영역 통과→20 × 0.9 =18억 원 |
| B | 계획 대비 실적 영역 미통과→20 × 0.85 =<br>17억 원 |
| C | 전년 동일 20억 원 |
| D | 계획 대비 실적 영역 미통과→20 × 0.85 =<br>17억 원 |
| E | 2개 영역 통과→20 × 0.9 =18억 원 |
| F | 전년 동일 20억 원 |

**33** ④

2016년 기준 최근 실시한 임기만료에 의한 국회의원 선거의 선거권자 총수는 3천만 명이고 보조금 계상단가는 1,030원(2015년 1,000원+30원)이므로 309억 원을 지급하여야 하는데, 5월 대통령선거와 8월 동시지방선거가 있으므로 각각 309억 원씩을 더하여 총 927억 원을 지급해야 한다.

**34** ④

A사를 먼저 방문하고 중간에 회사로 한 번 돌아와야 하며, 거래처에서 바로 퇴근하는 경우의 수와 그에 따른 이동 거리는 다음과 같다.

- 회사 − A − 회사 − C − B : 20 + 20 + 14 + 16 = 70km
- 회사 − A − 회사 − B − C : 20 + 20 + 26 + 16 = 82km
- 회사 − A − C − 회사 − B : 20 + 8 + 14 + 26 = 68km
- 회사 − A − B − 회사 − C : 20 + 12 + 26 + 14 = 72km

따라서 68km가 최단 거리 이동 경로가 된다.

**35** ④

최장 거리 이동 경로는 회사 − A − 회사 − B − C이며, 최단 거리 이동 경로는 회사 − A − C − 회사 − B이므로 각각의 연료비를 계산하면 다음과 같다.

- 최장 거리 : 3,000 + 3,000 + 3,900 + 3,000 = 12,900원
- 최단 거리 : 3,000 + 600 + 2,100 + 3,900 = 9,600원

따라서 두 연료비의 차이는 12,900 − 9,600 = 3,300원이 된다.

**36** ②

Open−To−Buy plan = planned EOM stock(6백만 원) − Projected EOM stock(4백 6십만 원) = 1백 4십만 원

**37** ⑤

$$용적률 = \frac{건축연면적}{대지면적} \times 100$$
$$= \frac{140(= 2층 + 3층)}{100} \times 100 = 140\%$$

**38** ③

제조업체 (1,2,3)에서 도매상 (1,2)으로 가는 거래의 수 : 6, 도매상 (1, 2)에서 소매상 (1,2,3,4,5,6)으로 가는 거래의 수 : 12, 그러므로 총 거래 수는 18개이다.

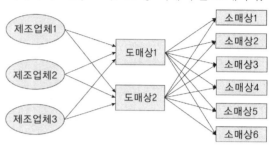

**39** ⑤

총 안전재고를 구하기 위한 과정은 다음과 같다.

① 주문기간 중의 평균수요
- 소매상 = 5×20/7 = 14.28 ≒ 14
- 도매상 = 50×39/7 = 278.57 ≒ 279
- 공장창고 = 2,500×41/7 = 14,642.86 ≒ 14,643

② 평균안전재고
- 소매상 = 500×(25−14) = 5,500
- 도매상 = 50×(350−279) = 3,550
- 공장창고 = 1×(19,000−14,643) = 4,357

∴ 총 안전재고 = 5,500 + 3,550 + 4,357 = 13,407

**40** ①

- 대안 1 : 10억 원의 설치비용이 드는 소각장을 10년간 사용 가능하므로, 1년에 1억 원의 쓰레기 처리비용이 발생한다. → 선택
- 대안 2 : 매년 1,200톤의 쓰레기를 배출하는데, 쓰레기 처리비용이 10만 원/ton이므로, 1년에 1억 2천만 원의 쓰레기 처리비용이 발생한다.
- 대안 3 : 연간 1억 1천만 원의 쓰레기 처리비용이 발생한다.

**41** ④

$$\cos \theta = \frac{P}{P_a} = \frac{80}{\sqrt{80^2 + 60^2}} \times 100$$

$$= 0.8 \times 100 = 80[\%]$$

**42** ⑤

$V = \dfrac{Q}{C}$에서 전원을 제거하면 $Q$가 일정하게 된다.

$C = \dfrac{\epsilon_0 S}{d}$이고 간격을 $\dfrac{1}{2}$로 줄이면

$$C' = \frac{\epsilon_0 S}{\frac{1}{2} d} = \frac{2\epsilon_0 S}{d}$$

$V = \dfrac{Q}{C} = \dfrac{dQ}{\epsilon_0 S}$이고, $V' = \dfrac{Q}{C'} = \dfrac{dQ}{2\epsilon_0 S}$

**43** ②

변압기의 병렬운전 조건

㉠ 권수비가 같을 것

㉡ 극성이 같을 것

㉢ 퍼센트 임피던스 강하가 같을 것

㉣ 퍼센트 저항강하 및 퍼센트 리액턴스 강하의 비가 같을 것

**44** ④

저압, 고압, 특고압

㉠ 저압 : 직류 750[V] 이하, 교류 600[V] 이하

㉡ 고압 : 직류 750[V], 교류 600[V] 초과 7,000[V] 이하

㉢ 특고압 : 7,000[V] 초과

**45** ⑤

전로의 절연 … 전로는 다음의 부분 이외에는 대지로부터 절연하여야 한다.

㉠ 저압전로에 접지공사를 하는 경우의 접지점

㉡ 전로의 중성점에 접지공사를 하는 경우의 접지점

㉢ 계기용변성기의 2차측 전로에 접지공사를 하는 경우의 접지점

㉣ 저압 가공 전선의 특고압 가공 전선과 동일 지지물에 시설되는 부분에 접지공사를 하는 경우의 접지점

㉤ 중성점이 접지된 특고압 가공선로의 중성선에 다중 접지를 하는 경우의 접지점

㉥ 소구경관(小口經管)(박스를 포함)에 접지공사를 하는 경우의 접지점

㉦ 저압전로와 사용전압이 300 V 이하의 저압전로[자동제어회로 · 원방조작회로 · 원방감시장치의 신호회로 기타 이와 유사한 전기회로(이하 "제어회로 등")에 전기를 공급하는 전로에 한한다]를 결합하는 변압기의 2차측 전로에 접지공사를 하는 경우의 접지점

㉧ 다음과 같이 절연할 수 없는 부분

•시험용 변압기, 전력선 반송용 결합 리액터, 전기 울타리용 전원장치, 엑스선발생장치(엑스선관, 엑스선관용변압기, 음극 가열용 변압기 및 이의 부속장치와 엑스선관 회로의 배선), 전기부식방지용 양극, 단선식 전기철도의 귀선(가공 단선식 또는 제3레일식 전기 철도의 레일 및 그 레일에 접속하는 전선) 등 전로의 일부를 대지로부터 절연하지 아니하고 전기를 사용하는 것이 부득이한 것

•전기욕기(電氣浴器) · 전기로 · 전기보일러 · 전해조 등 대지로부터 절연하는 것이 기술상 곤란한 것

㉨ 직류계통에 접지공사를 하는 경우의 접지점

**46** ②

페런티 현상 … 선로에 충전전류가 흘러 수전단 전압이 송전단 전압보다 높아지는 현상으로 선로의 정전용량으로 인하여 발생한다.

**47** ⑤

절연협조의 절연레벨이 가장 작은 것은 피뢰기이며 충격절연내력의 크기는 선로애자 > 차단기 > 변압기 > 피뢰기 순이다.

**48** ④

섹셔널라이저 ··· 고압 배전선에서 사용되는 차단 능력이 없는 유입 개폐기로, 리클로저의 부하 쪽에 설치되고, 리클로저의 개방동작 횟수보다 1~2회 적은 횟수로 리클로저의 개방 중에 자동적으로 개방 동작한다. 다중접기 특고압 개폐기의 일종으로 사고 전류를 직접 차단할 수 없어 후비에 반드시 차단기나 리클로저와 조합하여 사용하며 부하 측에서 선로 사고가 발생하면 사고 횟수를 감지하여 선로의 무전압 상태에서 접점을 개방, 고장구간을 분리하는 기능을 가진 개폐기이다.

**49** ④

배전선로의 전력손실

$$P_c = 3I^2 r = \frac{\rho W^2 L}{A V^2 \cos^2 \theta} \propto \frac{1}{V^2}$$

($\rho$ : 고유저항, $W$ : 부하전력, $L$ : 배전거리, $A$ : 전선의 단면적, $V$ : 수전전압, $\cos \theta$ : 부하역률)

**50** ④

$e = vBl \sin\theta \, [\text{V}]$

$\quad = \dfrac{12}{3} \times 1 \times 0.1 \times \sin 90° = 0.4 \, [\text{V}]$

**51** ⑤

$R = \rho \dfrac{l}{A} \, [\Omega]$에서 $\rho = \dfrac{R \cdot A}{l} \, [\Omega \cdot \text{mm}^2/\text{m}]$

**52** ②

특별 고압이란 7[kV]를 넘는 것을 말한다.

**53** ②

키르히호프의 법칙

㉠ 제1법칙 : 접합점 법칙 또는 전류 법칙이라고 한다. 회로 내의 어느 점을 취해도 그곳에 흘러들어오거나(+) 흘러나가는(−) 전류를 음양의 부호를 붙여 구별하면, 들어오고 나가는 전류의 총계는 0이 된다. 즉, 전류가 흐르는 길에서 들어오는 전류와 나가는 전류의 합이 같다. 제1법칙은 전하가 접합점에서 저절로 생기거나 없어지지 않는다는 전하보존법칙에 근거를 둔다.

㉡ 제2법칙 : 폐회로 법칙, 고리법칙 또는 전압법칙이라고 한다. 임의의 닫힌회로(폐회로)에서 회로 내의 모든 전위차의 합은 0이다. 즉, 임의의 폐회로를 따라 한 바퀴 돌 때 그 회로의 기전력의 총합은 각 저항에 의한 전압 강하의 총합과 같다. 먼저 회로의 도는 방향(시계방향 또는 반시계방향)을 정하고 그 방향으로 돌아가는 기전력 $E$와 전압강하 $IR$의 부호를 정한다. 전류와 저항과의 곱의 총계($\sum I_n R_n$)는 그 속에 포함된 기전력의 총계($\sum E_n$)와 같다. 이 법칙은 직류와 교류 모두 적용할 수 있으며, 저항 외에 인덕턴스, 콘덴서를 포함하거나 저항을 임피던스로 바꿀 수 있다. 제2법칙은 에너지 보존법칙에 근거를 둔다.

**54** ③

기전력은 회로에서 전류를 발생시키려는 장치의 특성을 말하며 전류를 흐르게 하는 동인이라고 정의할 수도 있다. 또는 전자를 움직여 전기를 흐를 수 있게 하는 힘으로, 도체 내에서 전류를 흐를 수 있게 하는 전압이나 전기압력을 말한다.

**55** ③

동기조상기는 전압조정의 단계가 연속이나 직렬콘덴서 및 병렬리액터는 계단적으로 조정이 된다.